F/G/S GRAPHICA
FELIPE TABORDA
GABRIEL MARTÍNEZ
SONIA DÍAZ

GRAPHIC IBEROAMÉRICA GRÁFICA
MASTERS / MAESTROS

CRUZ NOVILLO

Experimenta Libros

INTRO / INTRODUCCIÓN

Pepe Cruz Novillo was born in Cuenca (1936) and currently resides in Madrid, where his studio Cruz más Cruz is located. In 1965, as creative director, he left Publicidad Clarín and founded his own studio, becoming one of the pioneers of Spanish design, creating, among others, the corporate images of institutions and companies such as Correos, Banco Pastor, Tesoro Público, the coat of arms and flag of the Community of Madrid, PSOE, COPE, El Mundo, the Ministry of Education and Science, Bank of Spain banknotes, Renfe, La Noche en Blanco, the College of Civil Engineers, Cuenca 2016, Visionlab, Fundación ONCE, Repsol, etc. He has been president of the Spanish Association of Design Professionals (AEPD). He is a visiting professor at the Francisco de Vitoria University, the Menéndez Pelayo International University, and the School of Architecture at the Polytechnic University of Madrid. In 1972, he held an exhibition at the Skira gallery in Madrid, and has regularly exhibited his paintings, sculptures, and prints ever since.

In 1977, he participated with a solo exhibition at the São Paulo International Biennial. He has participated in the FIAC Art Fairs in Paris, Bassel Art, Art Cologne, and ARCO almost uninterruptedly since 1985. His “Diafragma Dodecafono 8.916.100.448.256, opus 14,” lasting 3,392,732 years and premiering at the ARCO fair, can be followed until its completion at www.cruznovilloopus14.com. In 2007, together with his son, the architect and designer Pepe Cruz, he founded the Cruz más Cruz studio. Pepe Cruz Novillo is a member of the Royal Academy of Fine Arts of San Fernando, a recipient of the National Design Award, Honorary Postman of Correos and in 2012 received the Gold Medal for Merit in Fine Arts. In 2023, the ADG-FAD awarded him the Laus de Honor Award for a professional career that has greatly impacted the collective imagination.

Pepe Cruz Novillo is known as “the man who designed Spain”

Pepe Cruz Novillo es conocido como «el hombre que diseñó España»

Pepe Cruz Novillo nace en Cuenca (1936) y actualmente reside en Madrid, donde se encuentra su estudio Cruz más Cruz. En 1965, siendo director creativo, abandona Publicidad Clarín y crea su propio estudio siendo uno de los pioneros del diseño español, realizando, entre otras, las imágenes corporativas de instituciones y empresas como Correos, Banco Pastor, Tesoro Público, el escudo y la bandera de la Comunidad de Madrid, PSOE, COPE, El Mundo, Ministerio de Educación y Ciencia, Billetes del Banco de España, Renfe, La Noche en Blanco, Colegio de Ingenieros de Caminos, Cuenca 2016, Visionlab, Fundación ONCE, Repsol, etc. Ha sido presidente de la Asociación Española de Profesionales del Diseño (AEPD). Es profesor invitado en la Universidad Francisco de Vitoria, Universidad Internacional Menéndez Pelayo y en la Escuela de Arquitectura de la Universidad Politécnica de Madrid. En 1972 realiza una exposición en la galería Skira de Madrid, exponiendo desde entonces regularmente sus pinturas, esculturas y grabados. En 1977 participa con una sala personal en la Bienal Internacional de Sao Paulo. Ha participado en las Ferias de Arte FIAC de París, Bassel Art, Art Cologne, y en ARCO de forma prácticamente ininterrumpida desde 1985. Su «Diafragma Dodecafónico 8.916.100.448.256, opus 14», de 3.392.732 años de duración y estrenado en la feria ARCO, puede seguirse, hasta su finalización, en www.cruznovilloopus14.com. En 2007 funda junto con su hijo, el arquitecto y diseñador Pepe Cruz, el estudio Cruz más Cruz. Pepe Cruz Novillo es académico de la Real Academia de Bellas Artes de San Fernando, Premio Nacional de Diseño, Cartero Honorario de Correos y recibió en 2012 la Medalla de Oro al Mérito en las Bellas Artes. En el año 2023 la ADG-FAD le concedió el Premio Laus de Honor por toda una carrera profesional de gran impacto en el imaginario colectivo.

Although from another period, Cruz Novillo's work captures all the elements we crave in our creations: visually striking, clean, timeless and yet with a vivid groove.

Aunque de otra época, la obra de Cruz Novillo captura todos los elementos que anhelamos en nuestras creaciones: es visualmente impactante, limpio, atemporal y, aún así, con un ritmo vívido.

Lorenz «Lopetz» Gianfreda
Büro Destruct

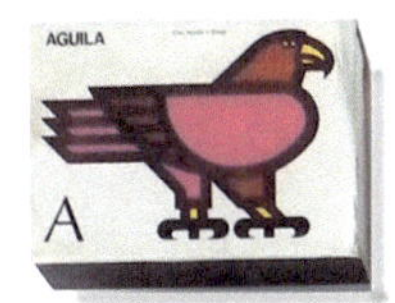

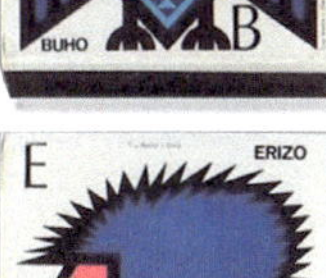

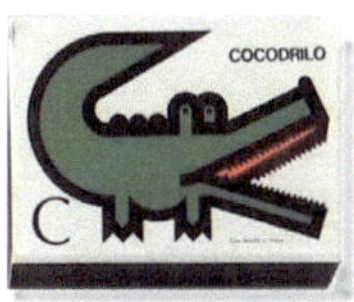

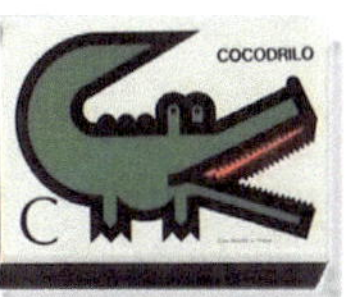
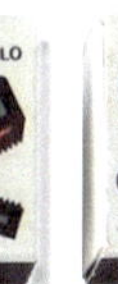
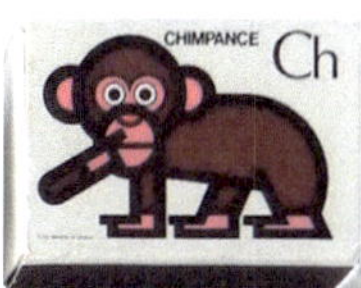

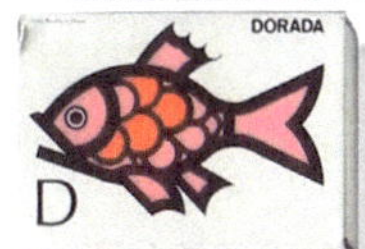

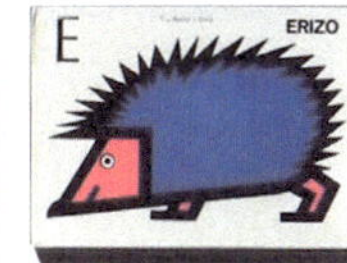

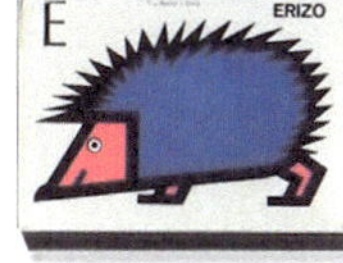
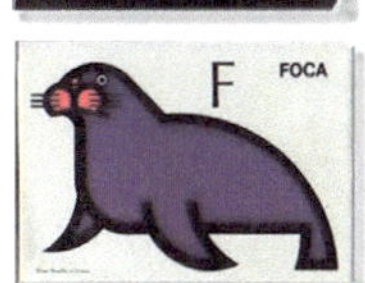

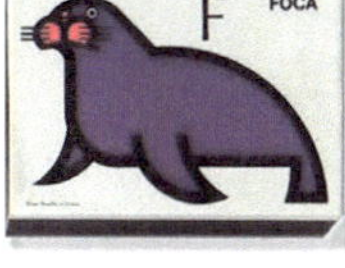
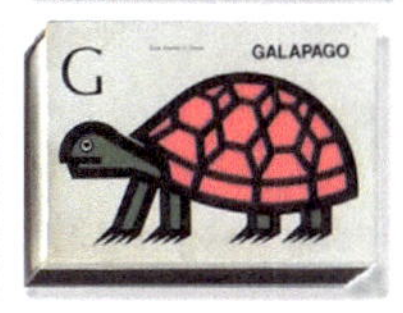

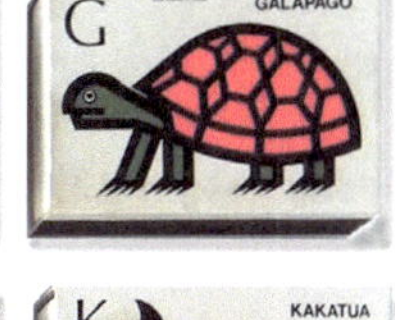
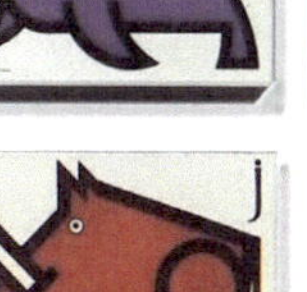
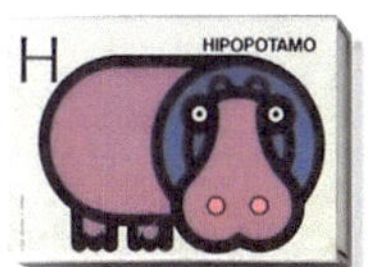

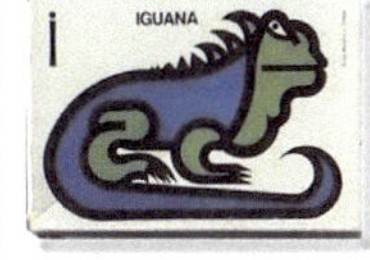

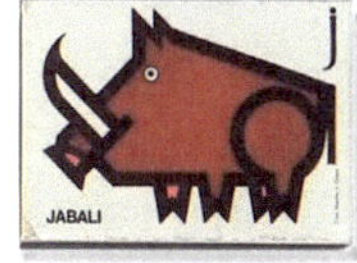

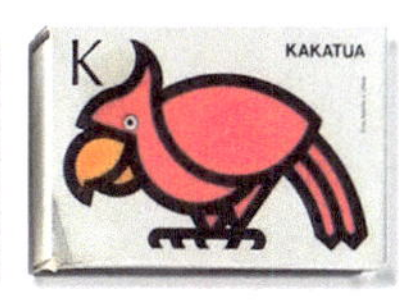

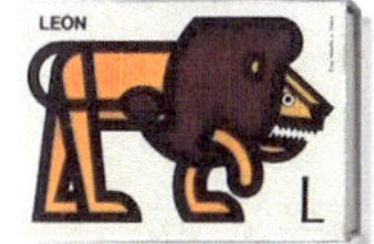

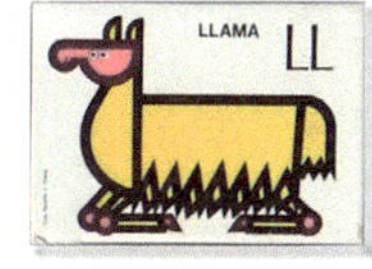

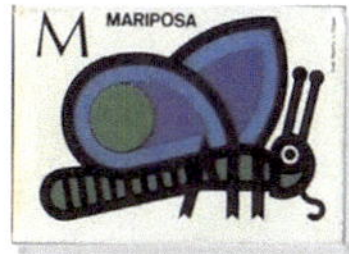

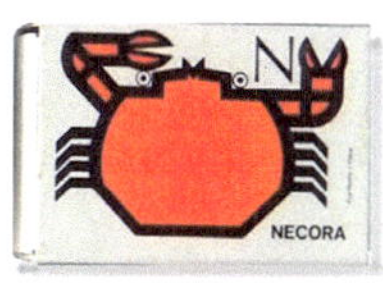

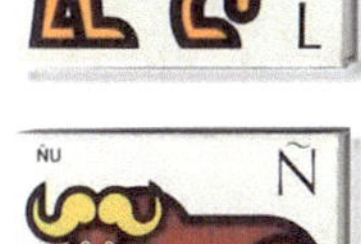

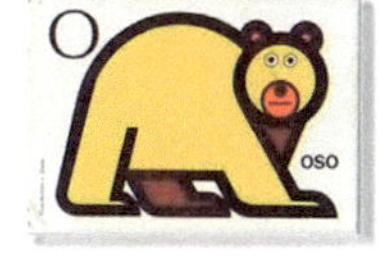

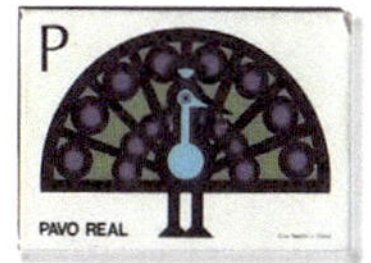

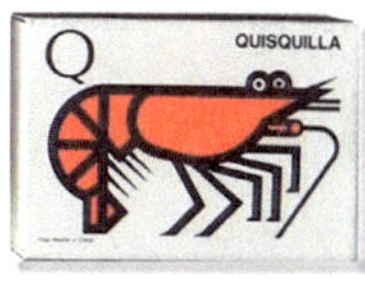

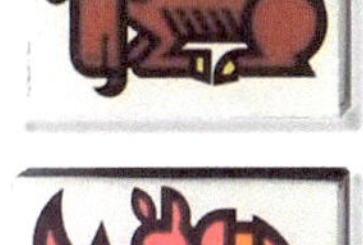

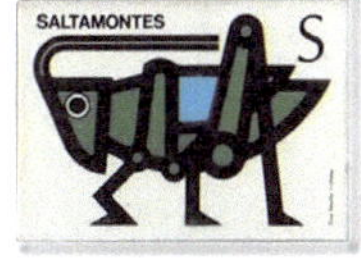

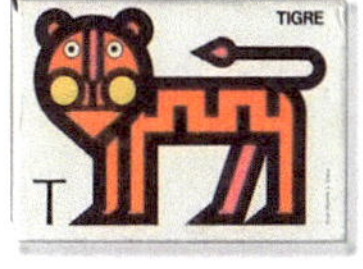

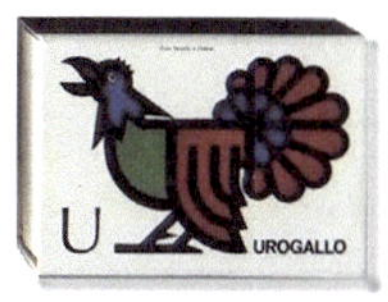

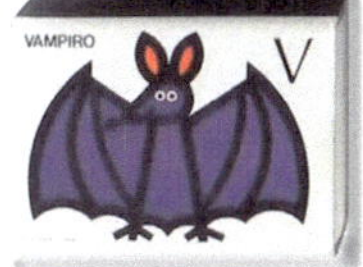

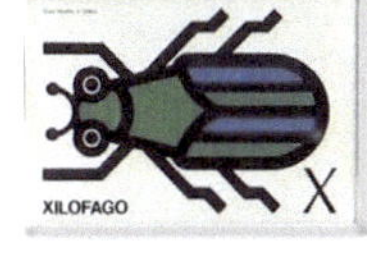

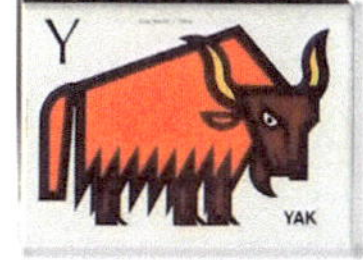

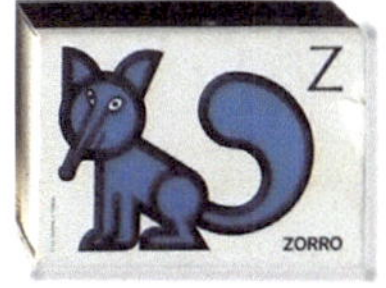

Fósforos del Pirineo · Serie «ABC Animal» · 1968

CERTAINTY / CERTEZA

One of the most striking characteristics of my work, a certain timelessness, is entirely deliberate. In design, the project is determined by the assignment. It is configured as a very specific problem, which can be solved with the certainty that the best possible solution exists. In art, there is no such thing as a single solution.

Una de las características más sorprendentes de mis trabajos, cierto carácter de intemporalidad, es en absoluto deliberada. En diseño el proyecto está determinado por el encargo. Se configura en un problema muy concreto, que se puede resolver de acuerdo con la certeza de que existe la mejor solución posible. En arte no existe esta única solución.

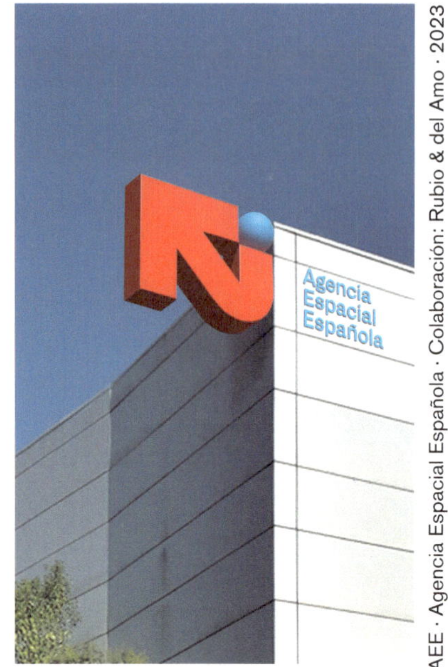

AEE · Agencia Espacial Española · Colaboración: Rubio & del Amo · 2023

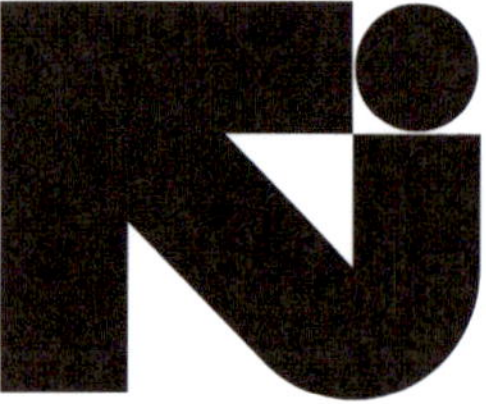

AEE · Símbolo

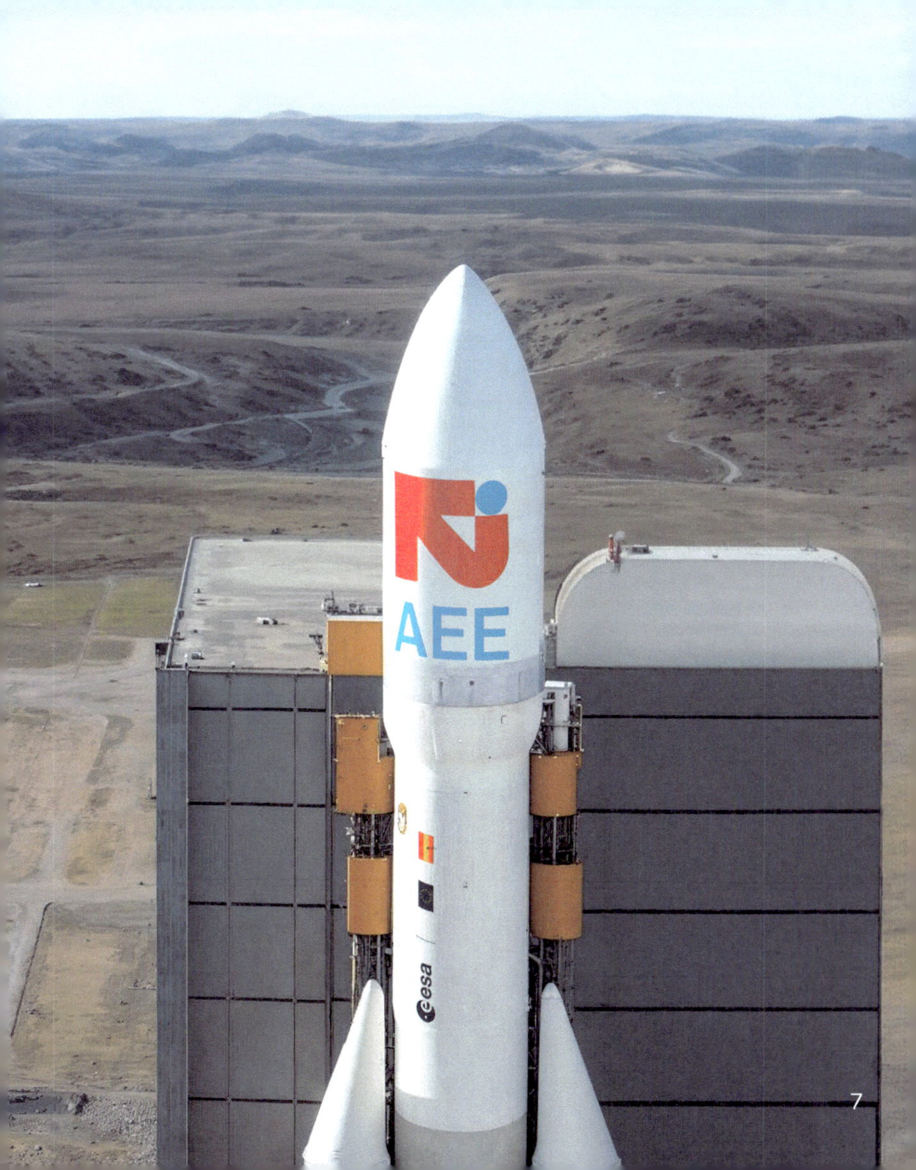
AEE
esa

PERCEPTION / PERCEPCIÓN

There is a distorted perception of the design profession, a group that long ago seems to have opted for the lack of definition of its own boundaries. It is precisely this heterogeneous nature of the professional origins of many of us that gives our work, at times, results full of a powerful versatility, often very attractive.

Existe una percepción distorsionada de la profesión de diseñador, colectivo que hace mucho tiempo parece haber optado por la indefinición de sus propios límites. Es precisamente este carácter heterogéneo de los orígenes profesionales de muchos de nosotros el que confiere a nuestros trabajos, a veces, resultados llenos de una potente versatilidad, frecuentemente muy atractiva.

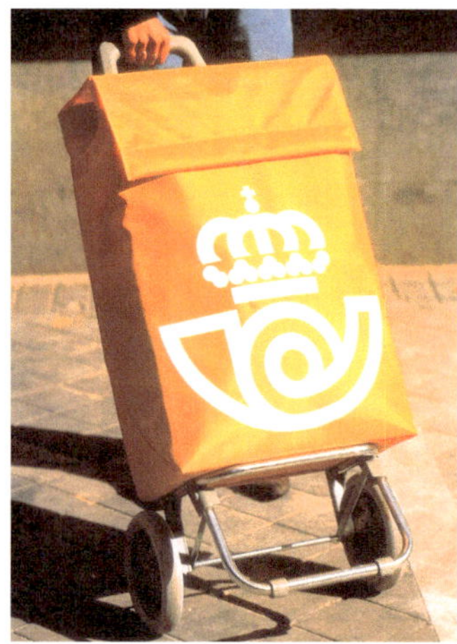

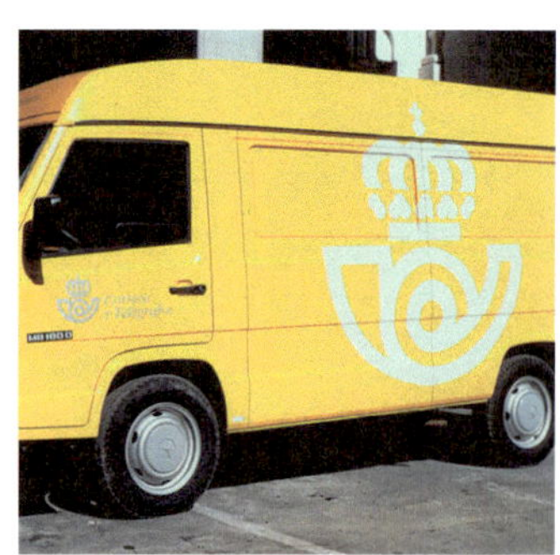

Correos y Telégrafos · (Dirección General de Correos y Telégrafos y Caja Postal) · 1977

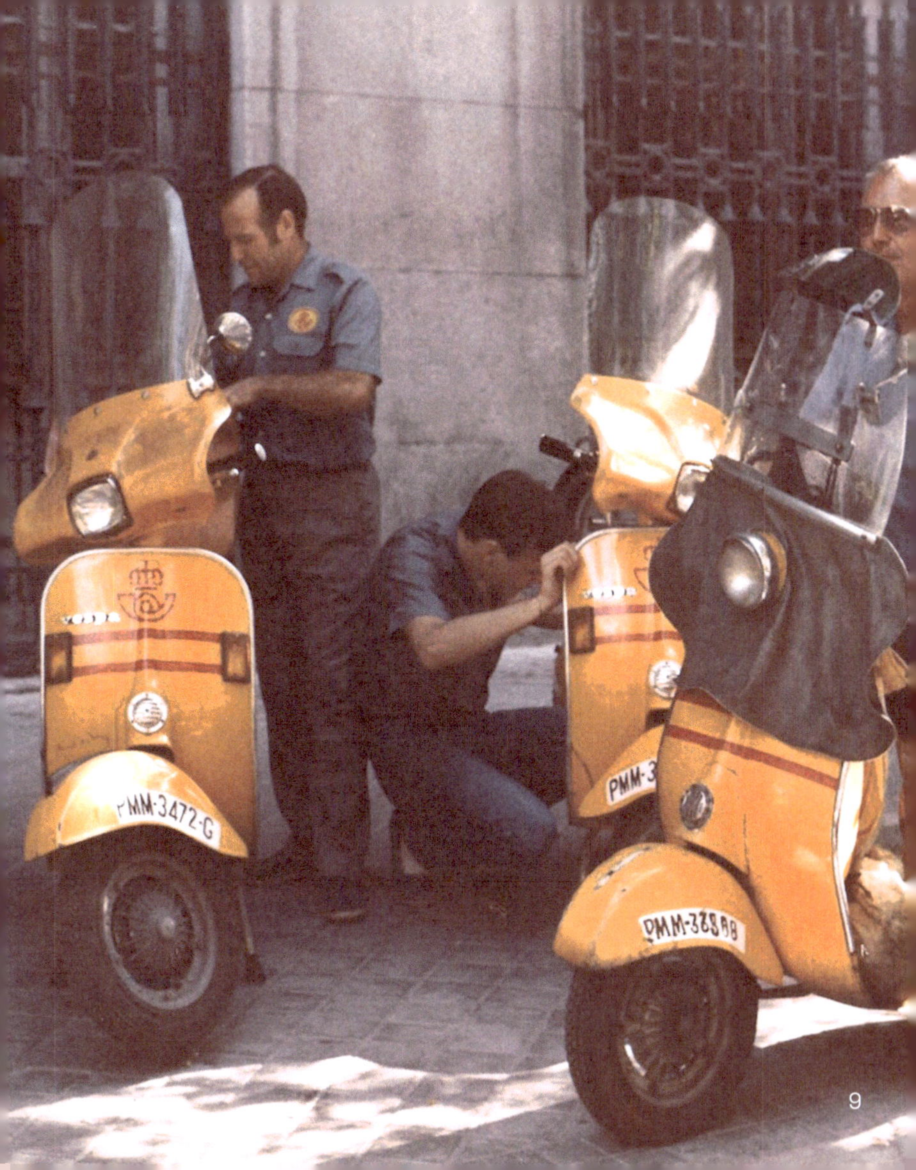
PMM-3472-G

COMMITMENT / CONVICCIÓN

I'm not a realist painter, but I am a realist designer, and in this field I'm aware that I have an identifiable style. However, this isn't so much a formal commitment as a professional conviction, because in so many years of work, I haven't found a better way to meet my clients' needs. My daily work becomes a constant source of biographical reflections where a certain paradoxical, highly dialectical coldness-warmth undercurrent is detected.

No soy un pintor realista, pero sí soy un diseñador realista y en este campo soy consciente de que tengo un estilo identificable, pero eso no es tanto un empeño formal como una convicción profesional, pues en tantos años de trabajo no he encontrado una mejor manera de satisfacer las necesidades de mis clientes. Mi tarea cotidiana se convierte en una fuente constante de reflexiones biográficas donde se detecta cierto paradójico fondo muy dialéctico frialdad-calidez.

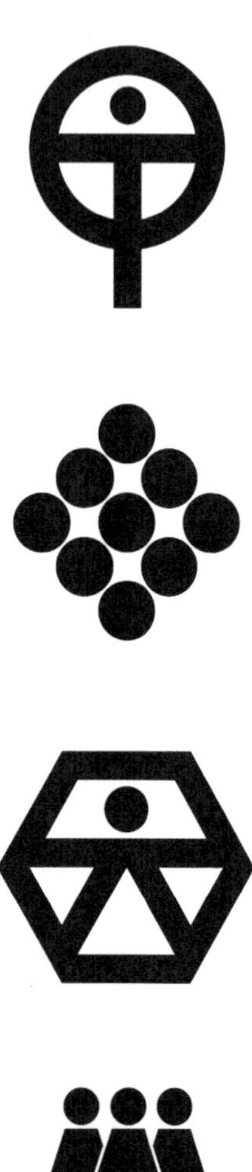

Fundación Entorno · 1995

Trapa · Chocolates · 1995

Museo de Ciencia y Tecnología · 1980

Aliadas · 2016

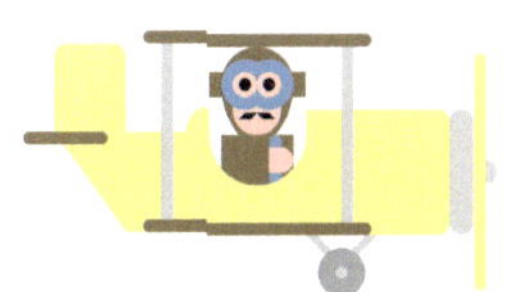
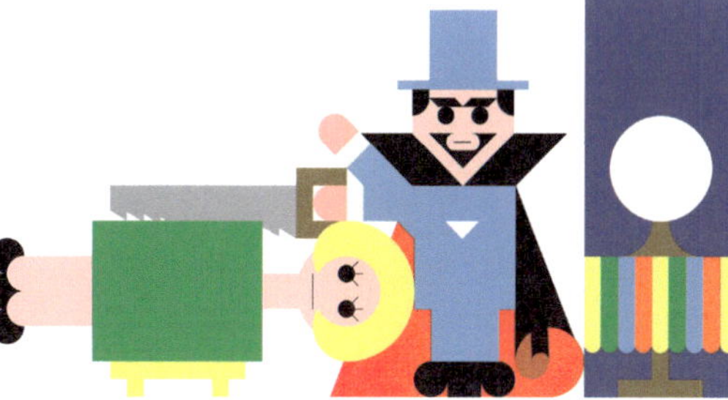
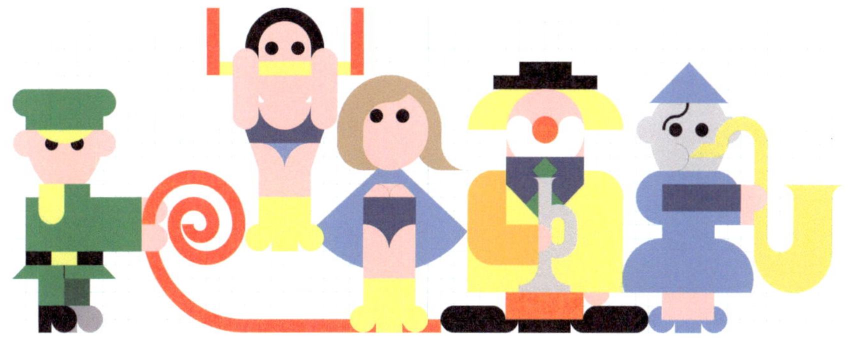
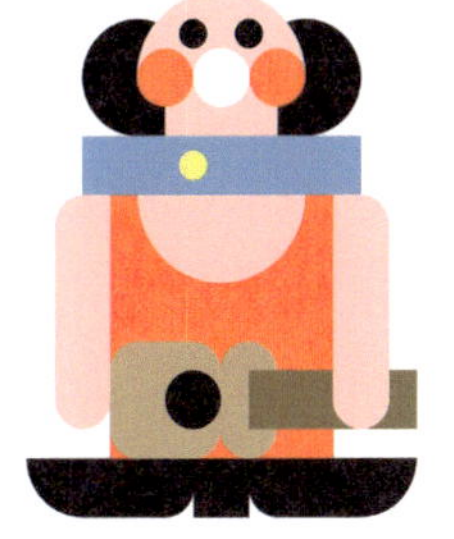
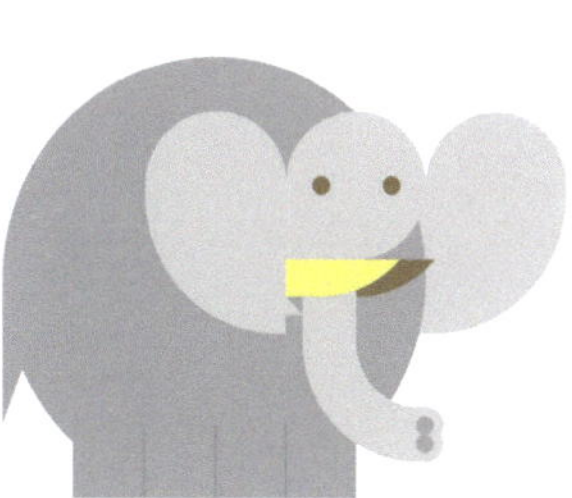
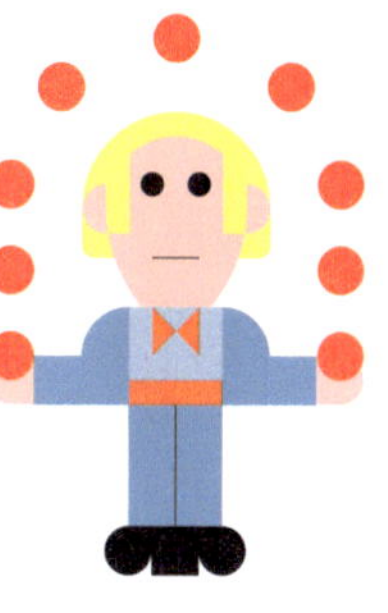

Ilustraciones · Serie «El Circo» · 1975

CHANCE / CASUALIDAD

At 21, I found my first job as a draftsman in an advertising agency, and my life changed completely. I soon realized that on that day, November 9, 1958—it must have been four in the afternoon—when they opened the doors to me at Clarín, a new life filled with extraordinary experiences, one that continues today with excellent prospects, had opened up for me. And it all began almost by chance.

A los 21 años encontré mi primer empleo como dibujante en una agencia de publicidad y mi vida cambió totalmente. Me di cuenta muy pronto de que aquel día 9 de Noviembre de 1958, seguramente serían las cuatro de la tarde, cuando me abrieron la puerta de Clarín, se abrió ante mí la que sería una nueva vida llena de vivencias extraordinarias y que actualmente continúa con excelentes expectativas. Y todo comenzó casi casualmente.

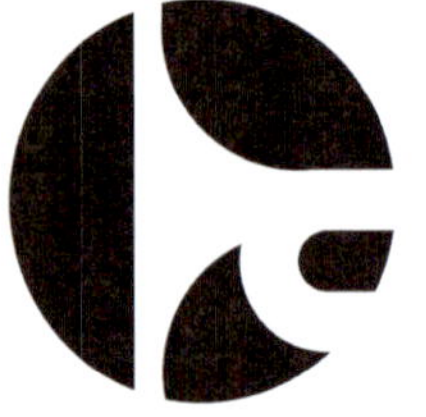

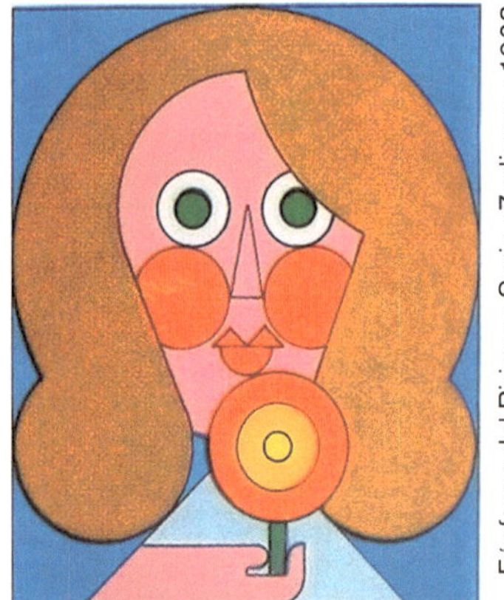

Fósforos del Pirineo · Serie «Zodiaco» · 1968

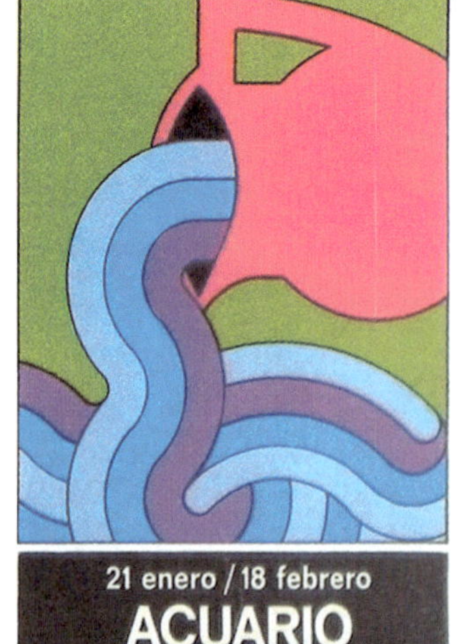

Clarín · Agencia de publicidad · 1964

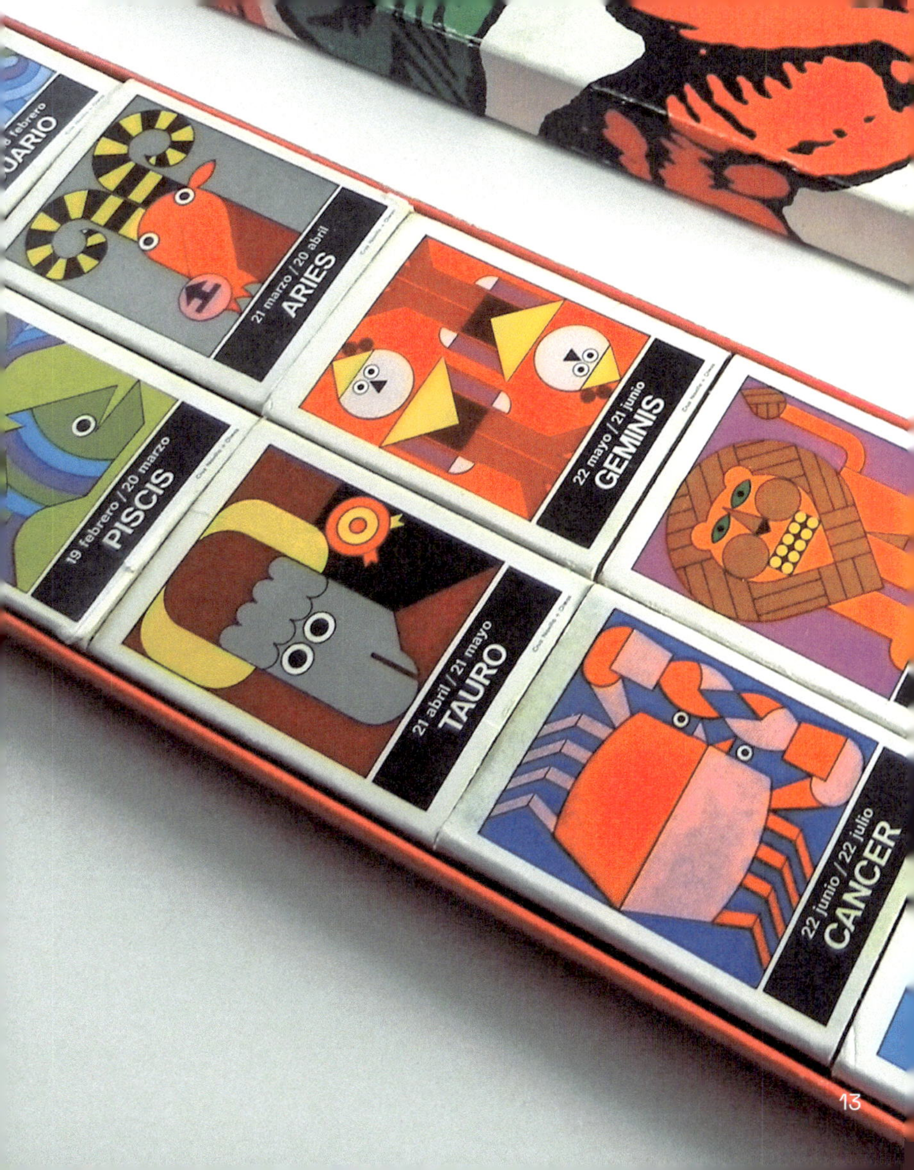
21 marzo / 20 abril
ARIES
22 mayo / 21 junio
GEMINIS
19 febrero / 20 marzo
PISCIS
21 abril / 21 mayo
TAURO
22 junio / 22 julio
CANCER

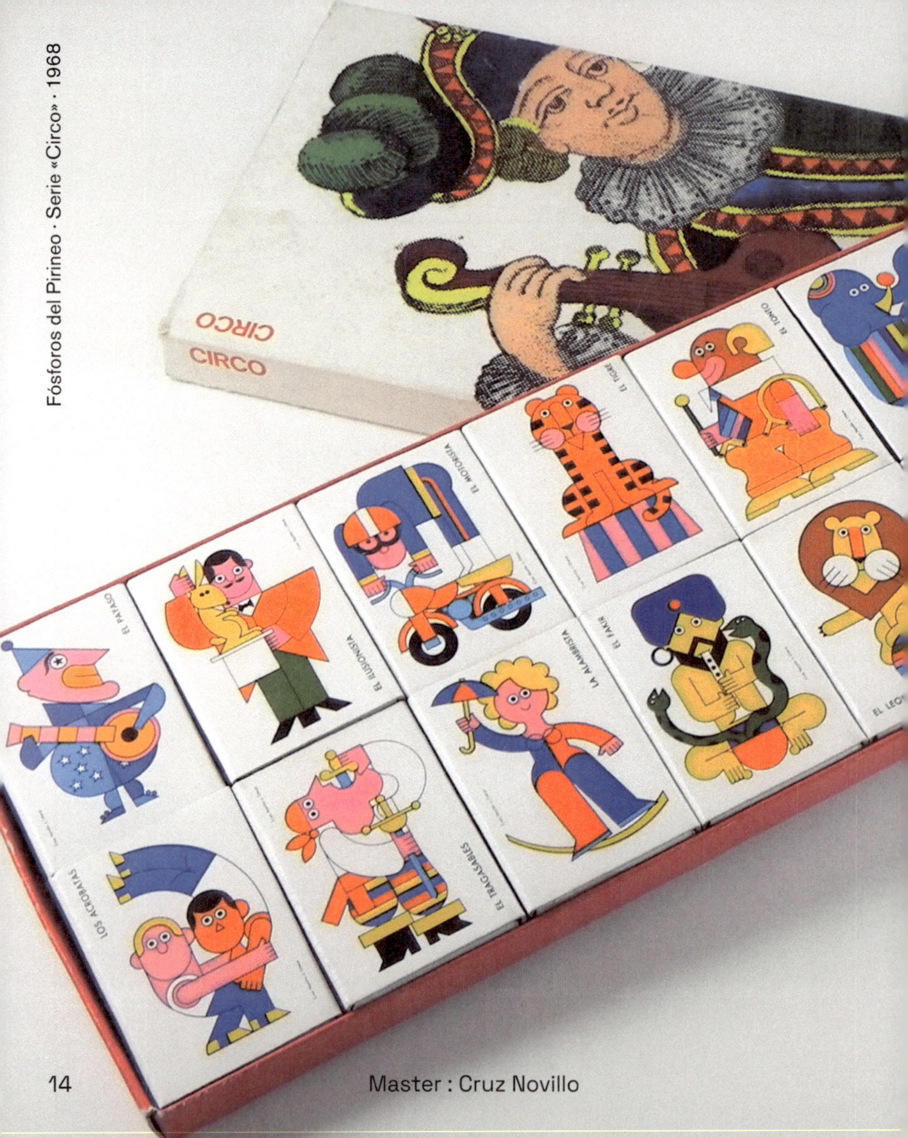

Fósforos del Pirineo · Serie «Circo» · 1968

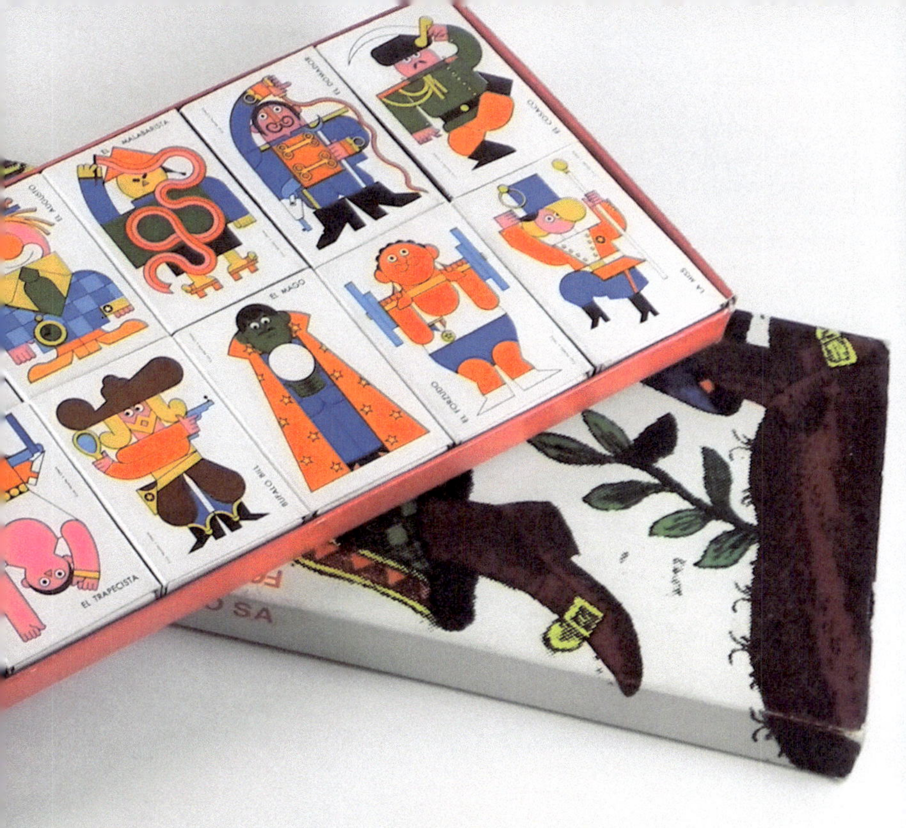
EL COSACO
EL DOMADOR
EL MALABARISTA
EL AUGUSTO
LA MISS
EL FORZUDO
EL MAGO
BUFALO BILL
EL TRAPECISTA

CONSCIOUS / CONSCIENTE

I am aware that I am breathing through my own wound: I am, simultaneously, artist and designer, capitalized, and, believe me, sometimes even with lowercase letters, it is a very heavy burden. Since I was young, I have always liked to write the words "art" and "design" in lowercase; it seems to me to be more consistent with their true meaning as qualifying adjectives, which refer to qualities that some human works can possess, generally in exceptional cases.

Soy consciente de que respiro por mi propia herida: soy, simultáneamente, artista y diseñador, así, con minúsculas y, créanme, a veces incluso con minúsculas es una carga muy pesada. Desde joven me ha gustado siempre escribir las palabras «arte y diseño» en minúsculas; me parece que es más coherente con su sentido verdadero de adjetivos calificativos, que se refieren a cualidades que pueden poseer algunas obras humanas, generalmente en casos excepcionales.

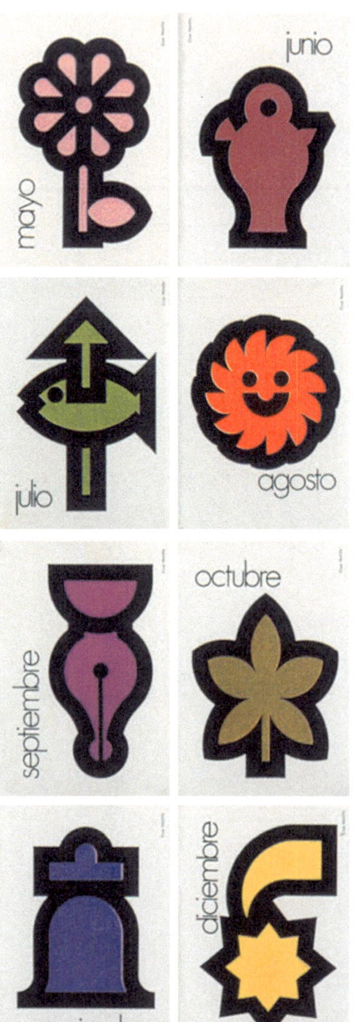

Fósforos del Pirineo · Serie «Calendario» 1969

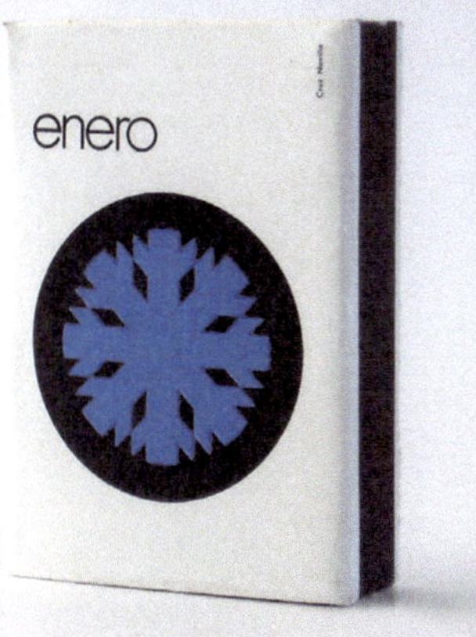
enero

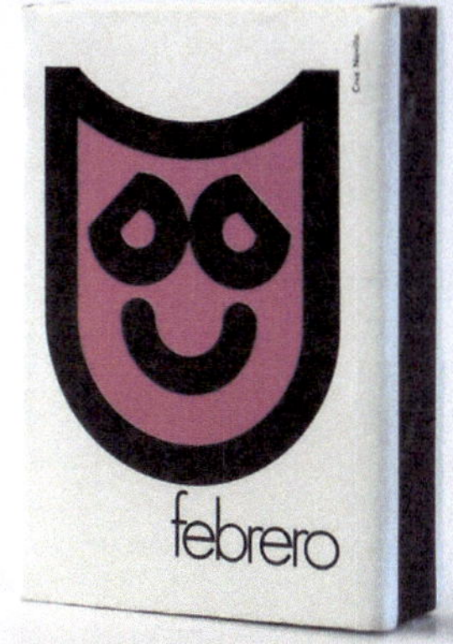
febrero

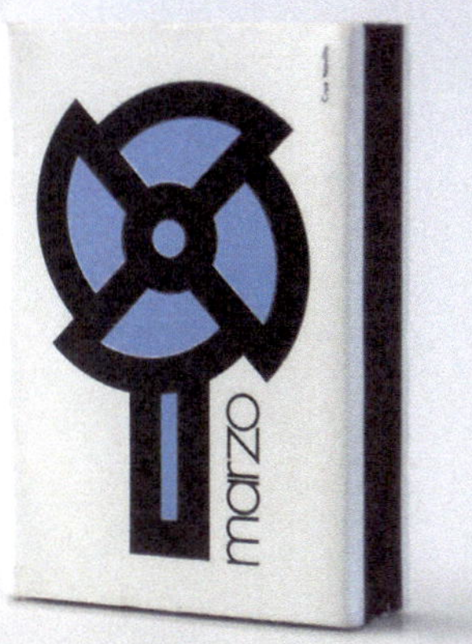
marzo

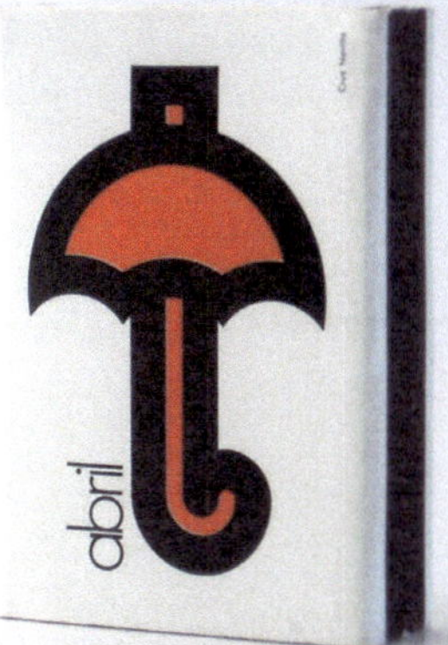
abril

SECRETS / SECRETOS

I've always been an illustrator for my own benefit. As a designer, I commissioned illustrations myself, often geometric illustrations, pictographic illustrations for signage systems, and schematic illustrations for building codes. Throughout my career, I've stylized hundreds of animals. I set out to create a very schematic and powerful illustration style. Illustration is one of my secret weapons.

Siempre he sido ilustrador por mi propia conveniencia. Como diseñador me encargaba ilustraciones a mí mismo, con frecuencia ilustraciones geometrizadas, pictográficas para sistemas de señalización e ilustraciones esquemáticas para normas de edificación. A lo largo de mi carrera he estilizado cientos de animales. Me propuse crear un estilo de ilustración muy esquemático y potente. La ilustración es una de mis armas secretas.

(1) Ibys · Laboratorio farmacéutico · 1968 (2) Consejo Superior de Colegios Farmacéuticos · 1969 (3) Golf Escorpión · Club de golf · 1969 (4) Font Romeu · Restaurante · 1987 (5) Banco Industrial de León · 1972 (6) Bolin · Fabricante de bolígrafos · 1964 (7) Galupe · Apartamentos Almería · 1963 (8) Jornadas de Marketing · Investigación publicitaria · 1967 (9) Drago · Compañía Aseguradora · 1976

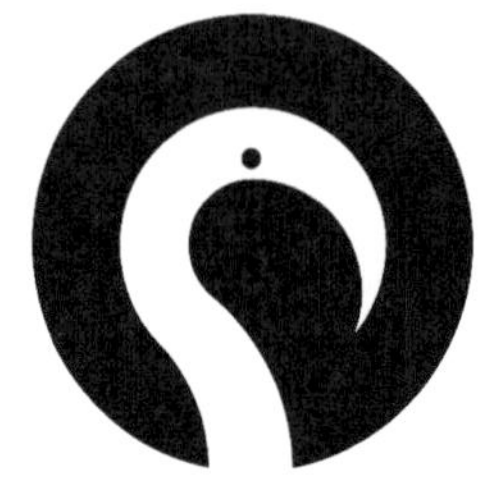

1

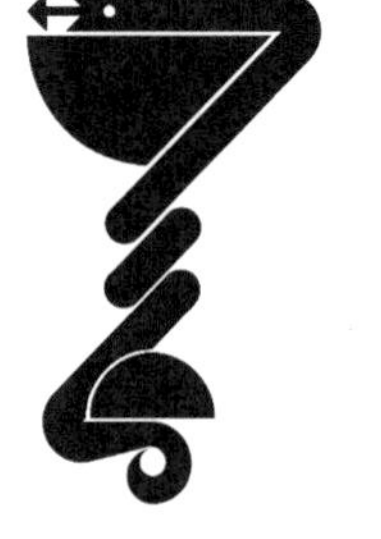

2

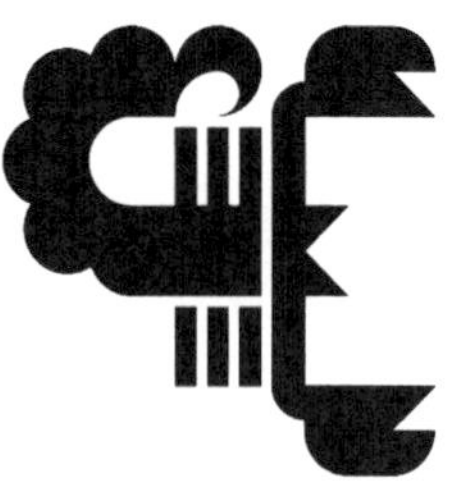

3

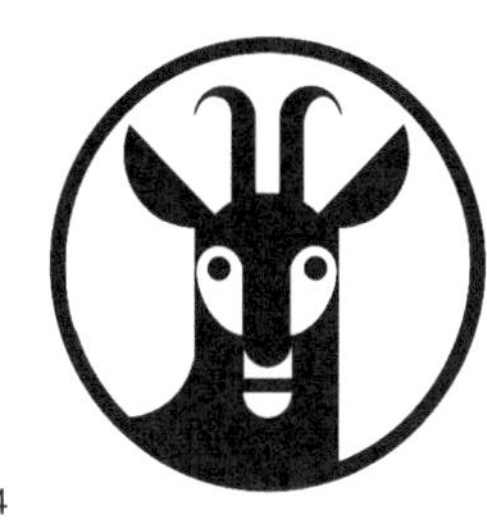
4

7

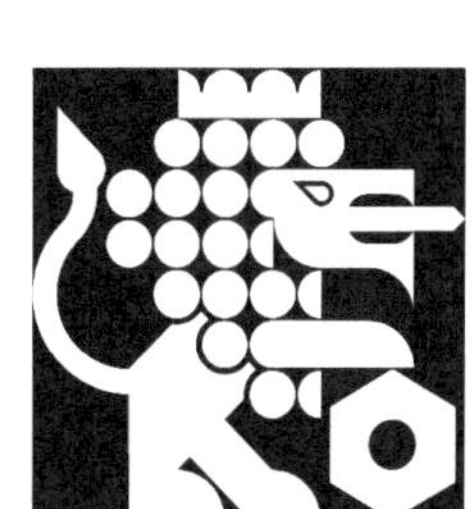
5

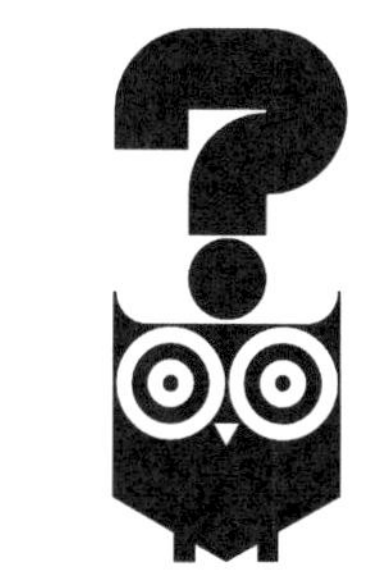
8

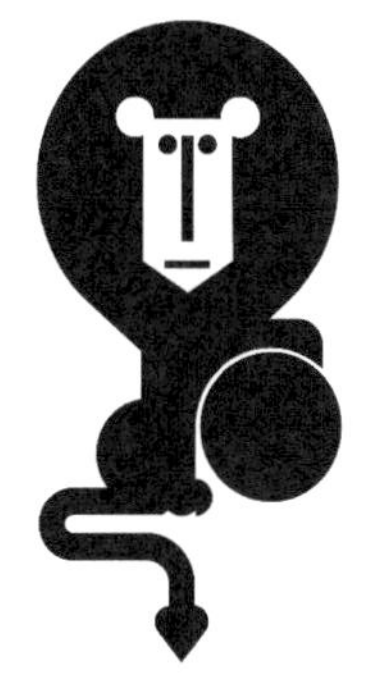
6

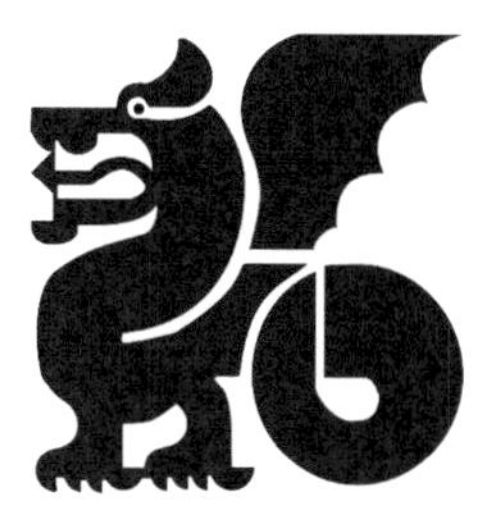
9

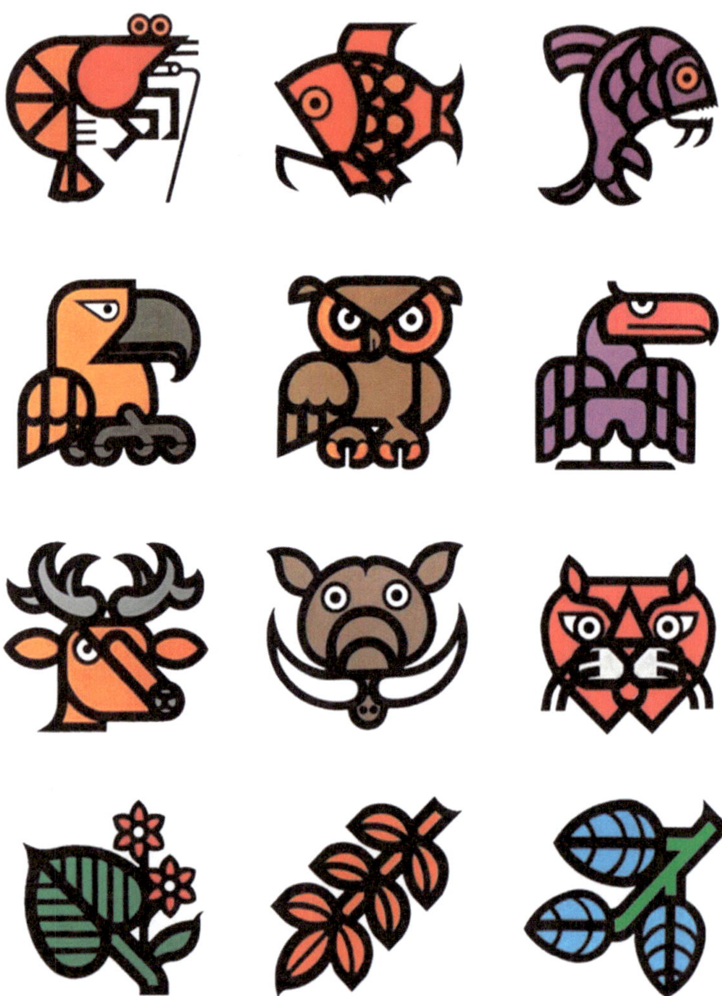

Universidad Laboral de Cheste · Pictogramas de los 24 Colegios · 1969

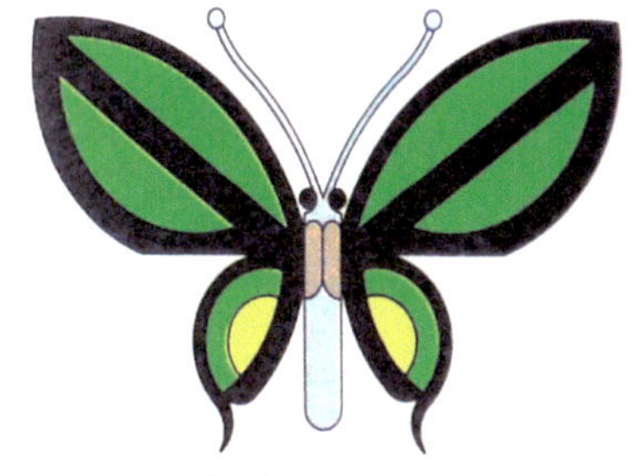

12 Ornithoptera paradisea

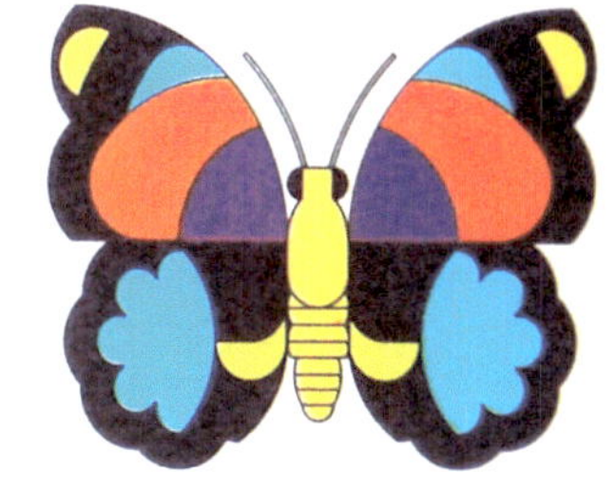

3 Agrias sardanapalus

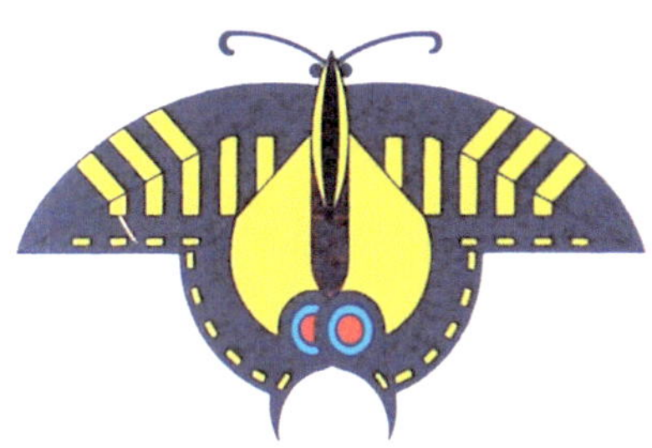

11 Papilio machaon

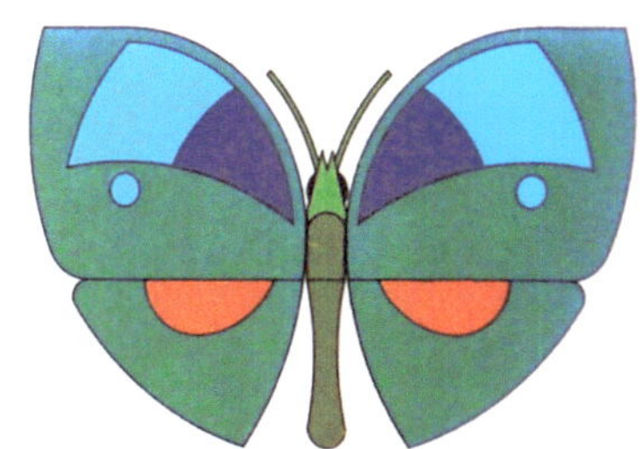

2 Euploea callithae

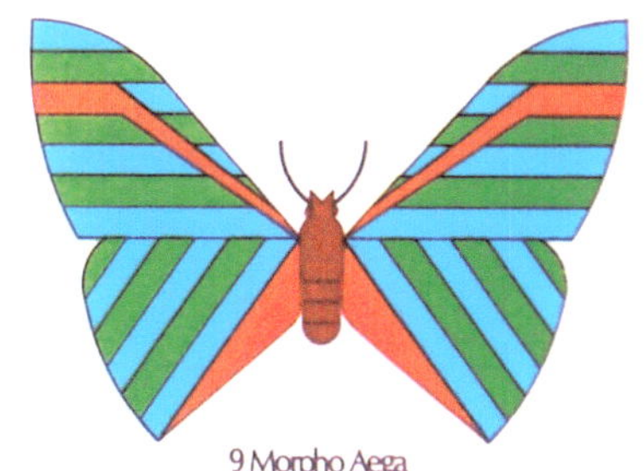

9 Morpho Aega

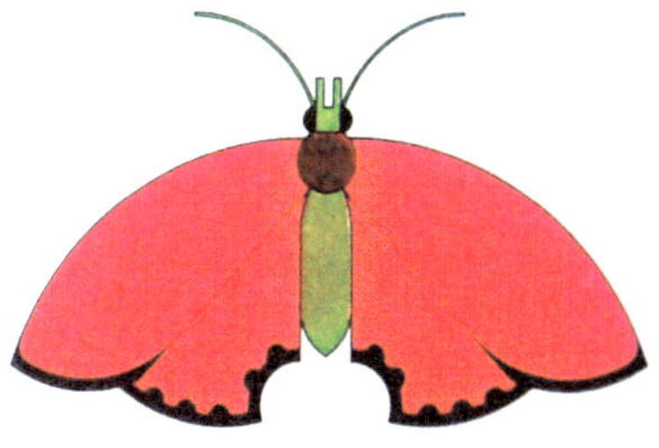

1o Lycaena dispar

Fósforos del Pirineo · Serie «Mariposas» · 1971

COLOR / COLOR

I don't intend to use color to add perceptual dimensions of any kind to the work. In my work, there's never a search for color as a significant element of artistic expression. I always start from a subjective encounter and that triggers a process of analysis that becomes the search for what has already been previously found.

No pretendo usar el color para añadirle a la obra dimensiones perceptivas de ninguna naturaleza. En mi trabajo no hay nunca la búsqueda del color como elemento significativo plástico. Siempre parto de un encuentro subjetivo y eso desencadena un proceso de análisis que se convierte en la búsqueda de lo que ya está previamente encontrado.

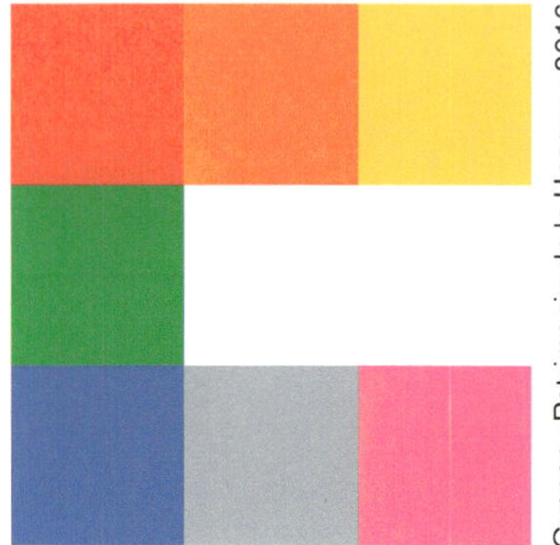
CUENCA 2016

Cuenca · Patrimonio de la Unesco · 2016

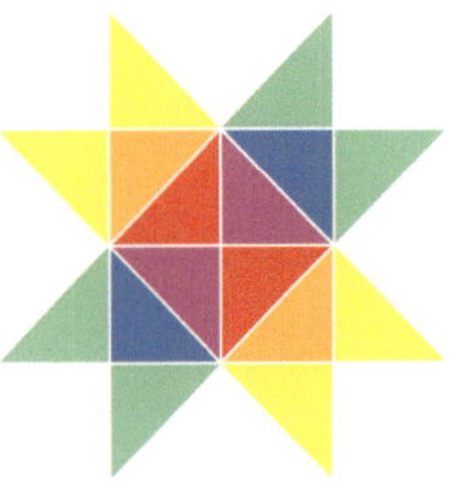

Feria de Artesanía · 1994

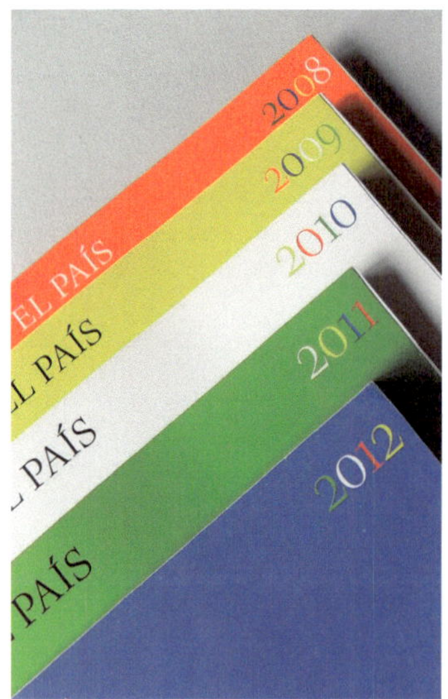

Anuario El País · «Diafragma» · 2003-2012

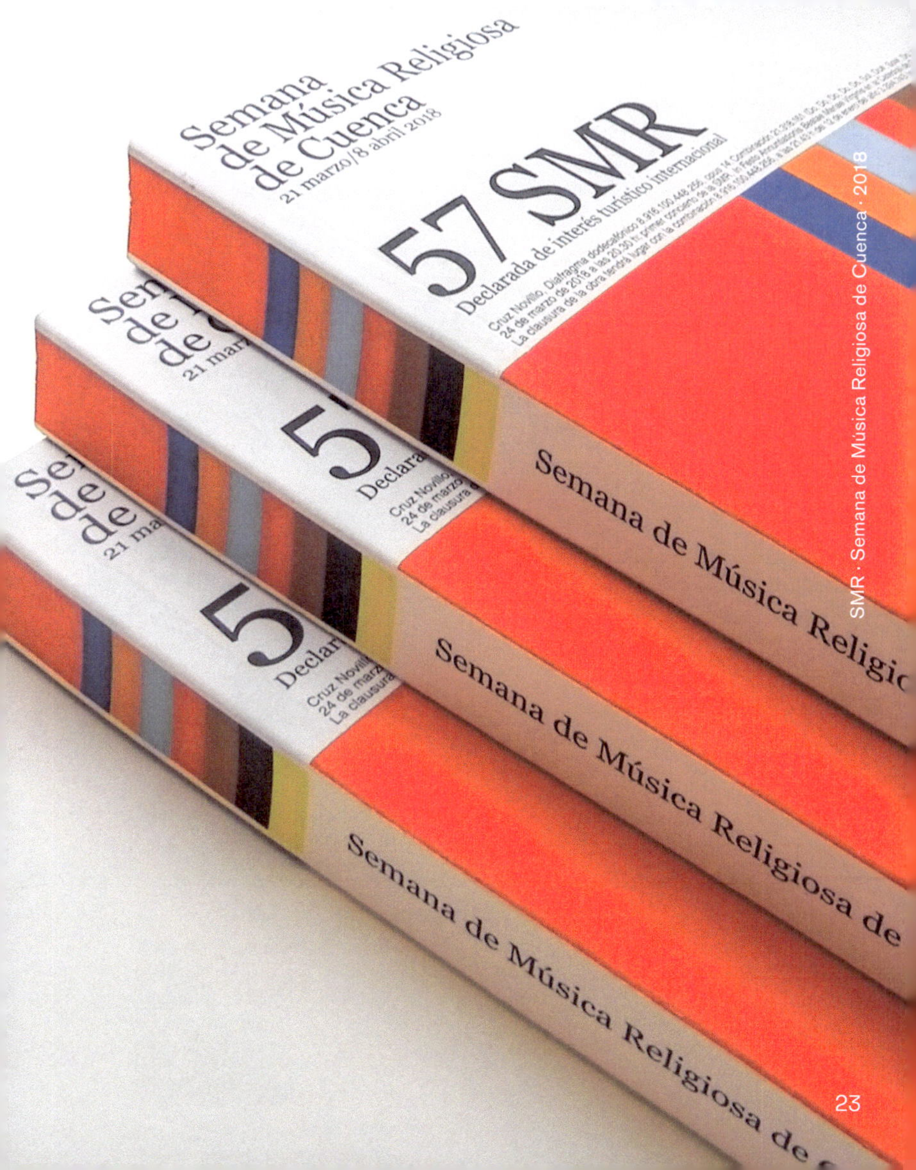
Semana
de Música Religiosa
de Cuenca
21 marzo/8 abril 2018
57 SMR
Declarada de interés turístico internacional
Semana de Música Religiosa de

SIMPLE / SIMPLE

The simpler a logo is, the easier it is to understand. In reality, I've always worked with a very small repertoire: a heart, a sun, a small house, but I've handled it without hesitation. In those mysterious six square centimeters of a symbol, of a sign, which are not only made of black ink but also using a catalog of minimal impacts, two types of angles, the straight line, the curve, is where everything is to be discovered.

Cuanto más simple es un logo, más fácil es de comprender. En realidad, siempre he trabajado con un repertorio muy pequeño: un corazón, un sol, una casita, pero lo he manejado sin complejos. En esos seis centímetros cuadrados misteriosos de un símbolo, de un signo, que están hechos además de tinta negra, que están utilizando un catálogo de incidencias mínimas, dos tipos de ángulo, la línea recta, la curva, es donde está todo por descubrir.

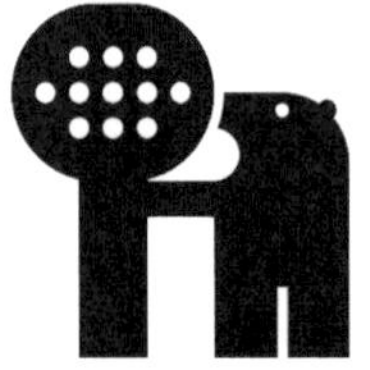

Madrid Dos · Centro comercial · 1982

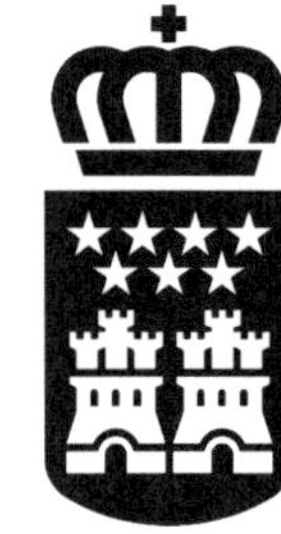

Comunidad de Madrid · Identificador · Identidad visual · Escudo · 1984-2011

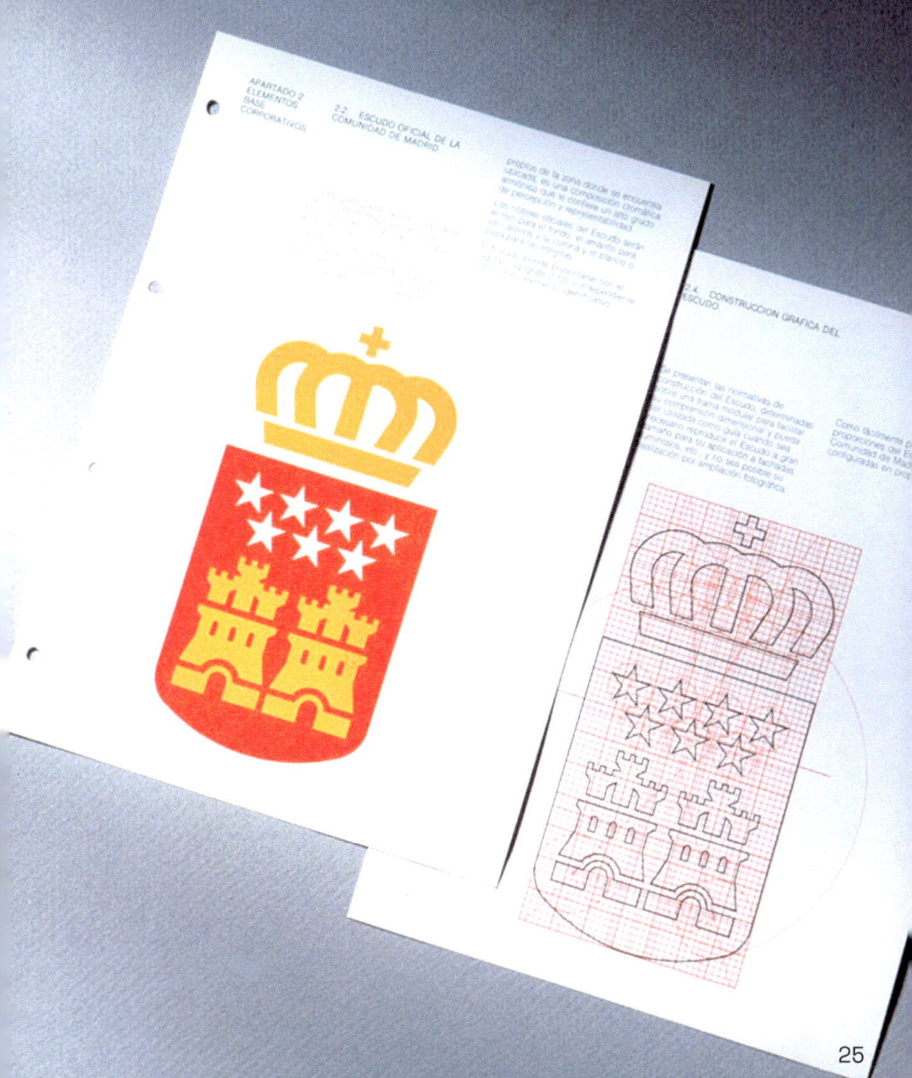
APARTADO 2
ELEMENTOS
BASE
CORPORATIVOS
2.2. ESCUDO OFICIAL DE LA
COMUNIDAD DE MADRID
2.4. CONSTRUCCION GRAFICA DEL
ESCUDO

COMPLICATION / COMPLICACIÓN

In my creative process, there's more renunciation than accumulation. It could be a temperamental factor, or maybe at some point, which I can't determine, something happened that made me decide to take this path, which is to seek simplification, to pick up the microscope instead of the telescope, right? And to dedicate myself to looking downward, inward instead of outward. This simplification is also a misleading word, because at its core, it's a great complication.

En mi proceso creativo hay más renuncia que acumulación. Sería un factor temperamental, o que en algún momento dado que yo no puedo determinar, sucediera algo que me decidió a tomar este camino, que es buscar en la simplificación, coger el microscopio en vez del telescopio ¿no? Y dedicarme a buscar hacia abajo, hacia adentro en vez de hacia afuera. Esta simplificación es también una palabra equívoca, porque en el fondo es una gran complicación.

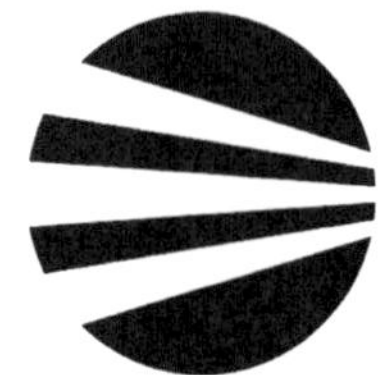

Red Eléctrica · 1987

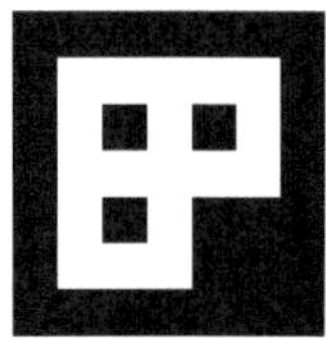

Banco Pastor · 1986

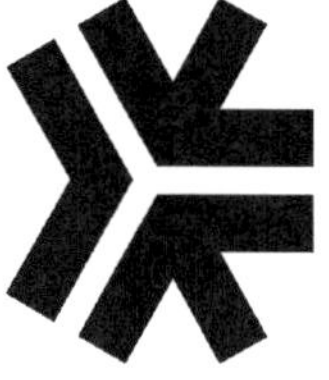

Ofic. Información Consumidor · 1986

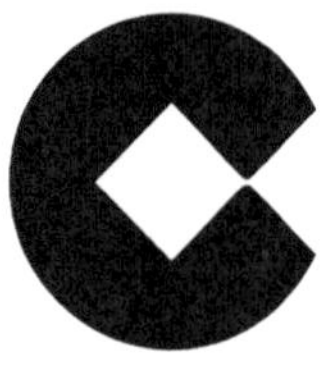

Cope · Radio · 1993

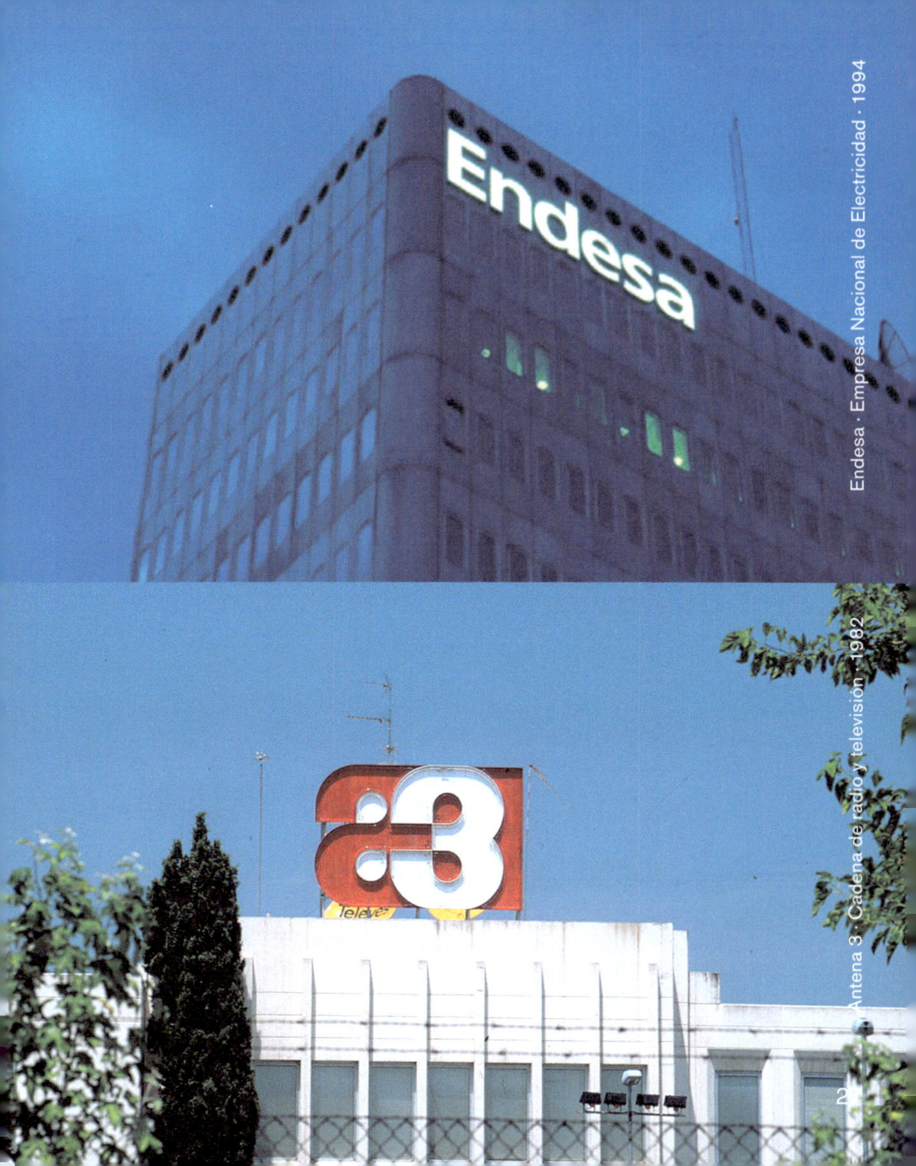

Endesa · Empresa Nacional de Electricidad · 1994

Antena 3 · Cadena de radio y televisión · 1982

SOCIETY / SOCIEDAD

Design is a very specific activity. We designers create works that are sensorially perceptible in an unequivocal way, disseminated to the four winds to people who are in the same place and in the same society in which we develop our work. In real life, these are not metaphysical speculations but often very powerful works sent directly to people's perceptions.

El diseño es una actividad bien concreta, los diseñadores hacemos obras sensorialmente perceptibles de modo inequívoco, divulgadas a los cuatro vientos para las personas que están en el mismo lugar y en la misma sociedad en la que desarrollamos nuestro trabajo, en la vida real, no son especulaciones metafísicas sino obras frecuentemente muy contundentes enviadas directamente a la percepción de las personas.

Diario 16 · Periódico · 1976

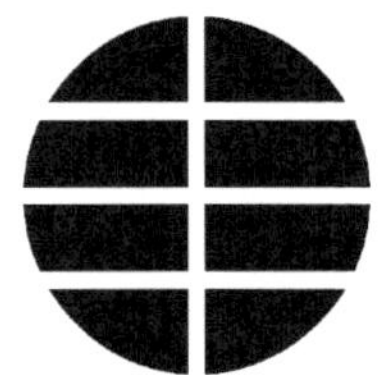

Diario El Mundo · 1989

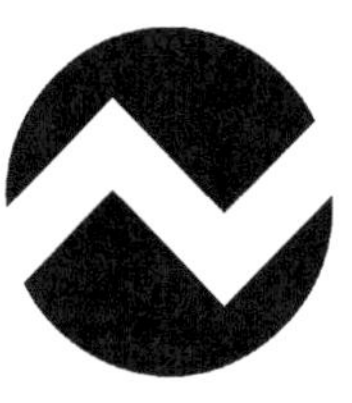

La Gaceta de los Negocios · 1993

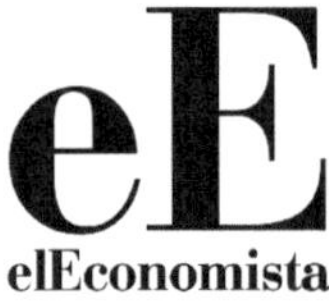

El Economista · 2005

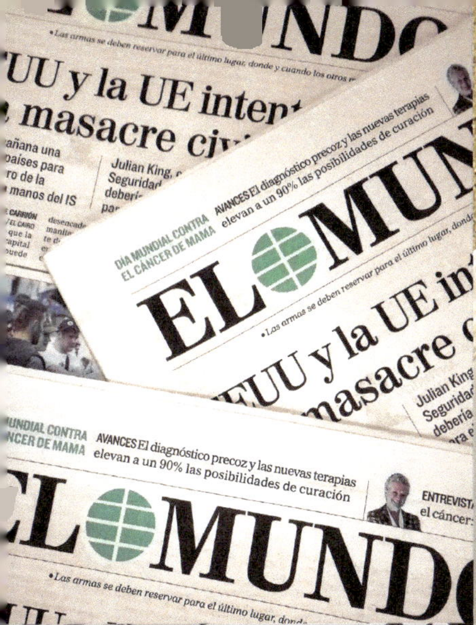
EL MUNDO
DÍA MUNDIAL CONTRA EL CÁNCER DE MAMA
AVANCES El diagnóstico precoz y las nuevas terapias elevan a un 90% las posibilidades de curación
• Las armas se deben reservar para el último lugar, donde
masacre

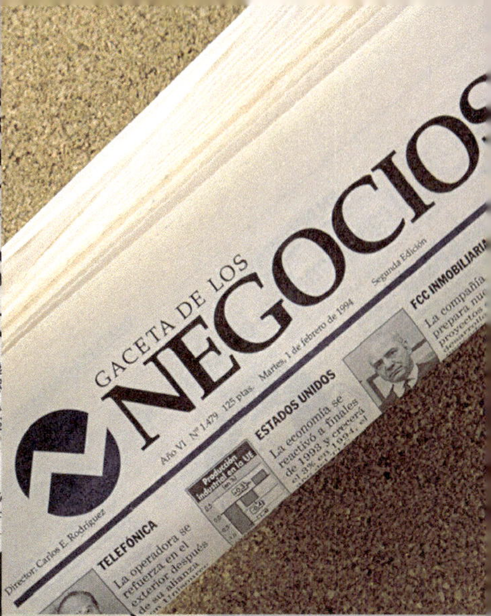
GACETA DE LOS NEGOCIOS
Segunda Edición
Año VI Nº 1.479 125 ptas. Martes, 1 de febrero de 1994
Director: Carlos E. Rodríguez
ESTADOS UNIDOS
La economía se reactivó a finales de 1993
TELEFÓNICA
La operadora se refuerza en el exterior después de su alianza
FCC INMOBILIARIA

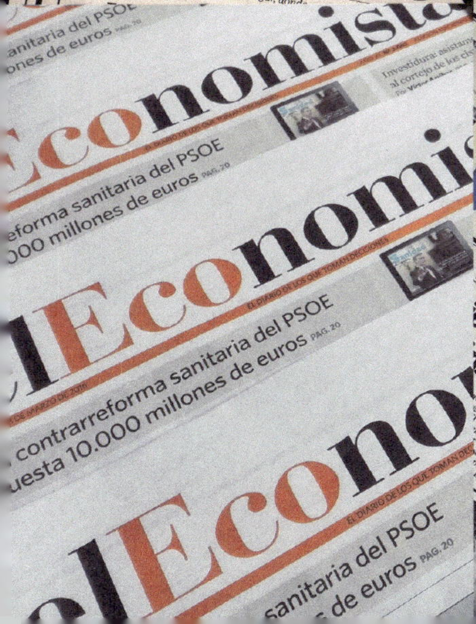
elEconomista
EL DIARIO DE LOS QUE TOMAN DECISIONES
contrarreforma sanitaria del PSOE
uesta 10.000 millones de euros PÁG. 20

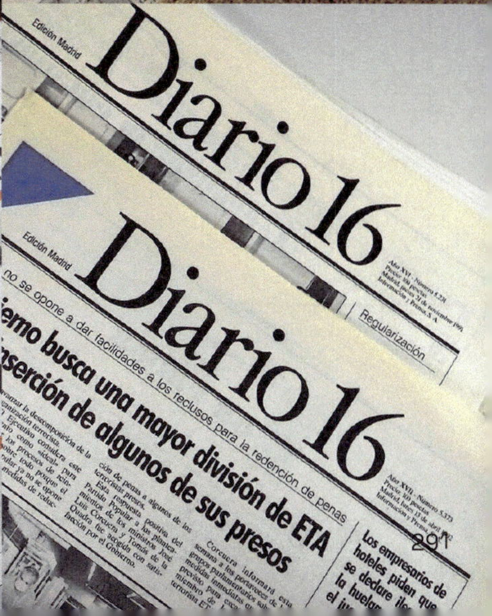
Edición Madrid
Diario 16
Regularización
no se opone a dar facilidades a los reclusos para la redención de penas
ierno busca una mayor división de ETA
nserción de algunos de sus presos
Los empresarios de hoteles piden que se declare ilegal la huelga

AUTONOMY / AUTONOMÍA

I've always maintained a desire for absolute freedom and creative autonomy. What makes me most responsible in my work is the feeling that the degree of freedom, in virtually every case, is absolutely total. It's even scary to think that a professional relationship between a service provider and its client could exist in which there are so few limitations. In any case, if that feeling of total freedom weren't present, I wouldn't accept the job.

Siempre he mantenido una aspiración de absoluta libertad y autonomía de creación.Lo que más me responsabiliza en mi trabajo es la sensación de que el grado de libertad, en todos los casos prácticamente, es absolutamente total. Incluso da vértigo pensar que se pueda plantear una relación profesional entre un suministrador de servicios y su cliente en la que existen tan pocas limitaciones. De todas formas, si no se produjera esa sensación de libertad total, yo no aceptaría el trabajo.

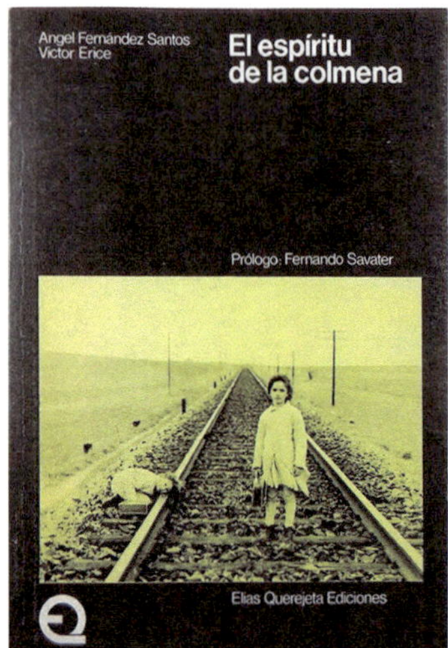

Elías Querejeta Ediciones · Colección Guiones · 1976

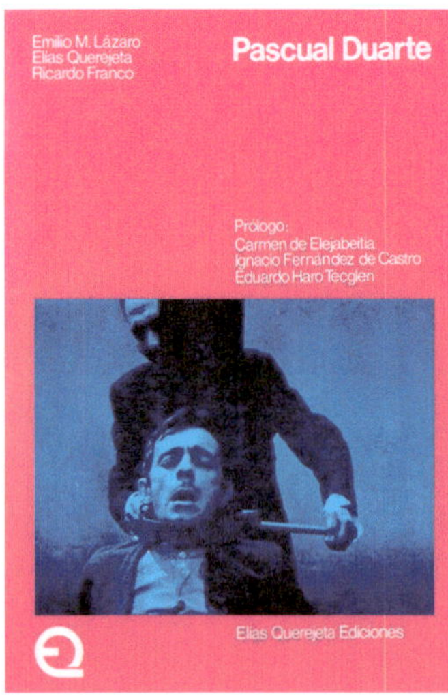

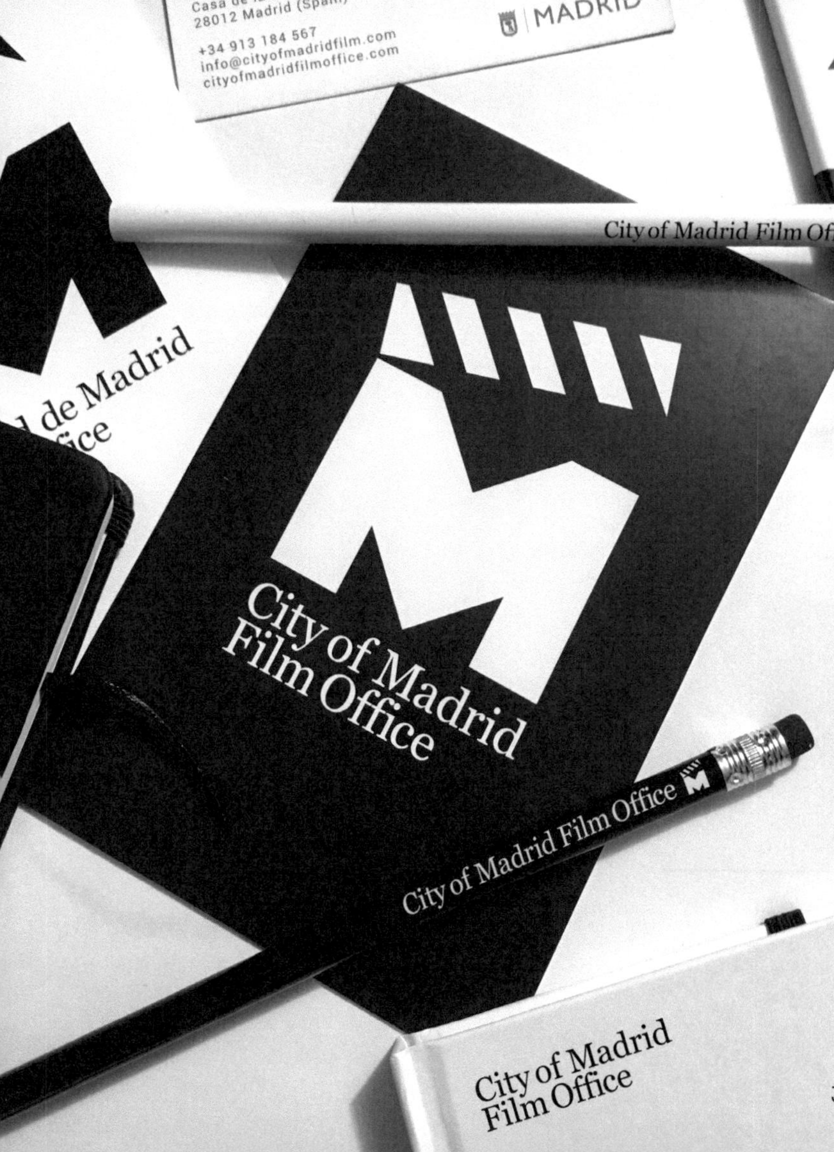
+34 913 184 567
info@cityofmadridfilm.com
cityofmadridfilmoffice.com
City of Madrid Film Office
City of Madrid
Film Office
City of Madrid Film Office
City of Madrid
Film Office

COMMISSION / ENCARGO

There are potentially wonderful commissions that are destroyed by the way they're received. This is almost always related to the person who gives them the job. Commissions of relative interest become very attractive because you find an interlocutor capable of imbuing them with content, complexity, enthusiasm... The world of commissions is so delicate.

Hay encargos potencialmente maravillosos que son destruidos por la forma en la cual se reciben. Esto está casi siempre relacionado con la persona que lo hace. Encargos de un interés relativo llegan a ser muy atractivos porque te encuentras a un interlocutor capaz de dotarlo de contenido, de complejidad, de entusiasmo... Es tan delicado el mundo del encargo.

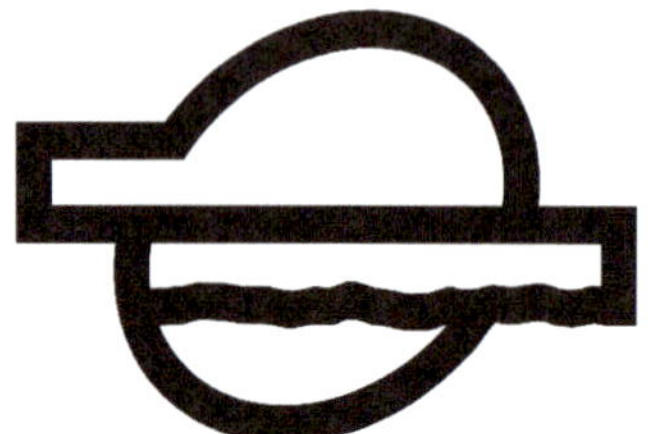

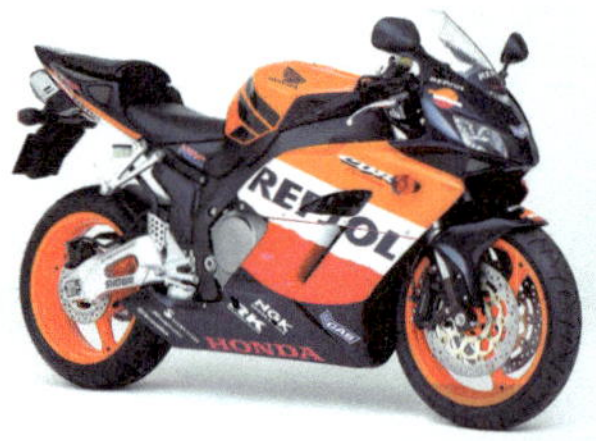

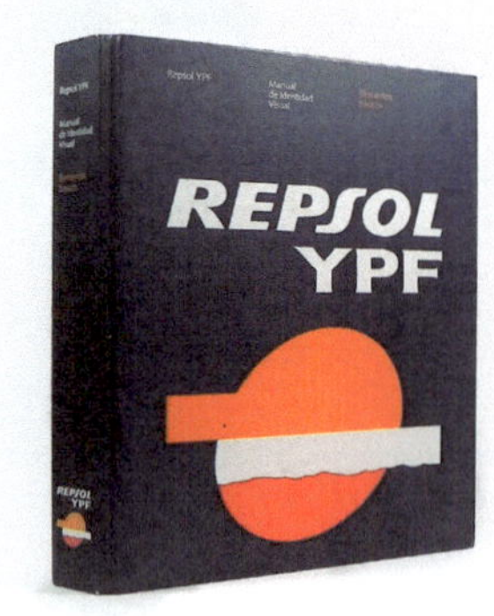

Repsol Petrolera · 1996

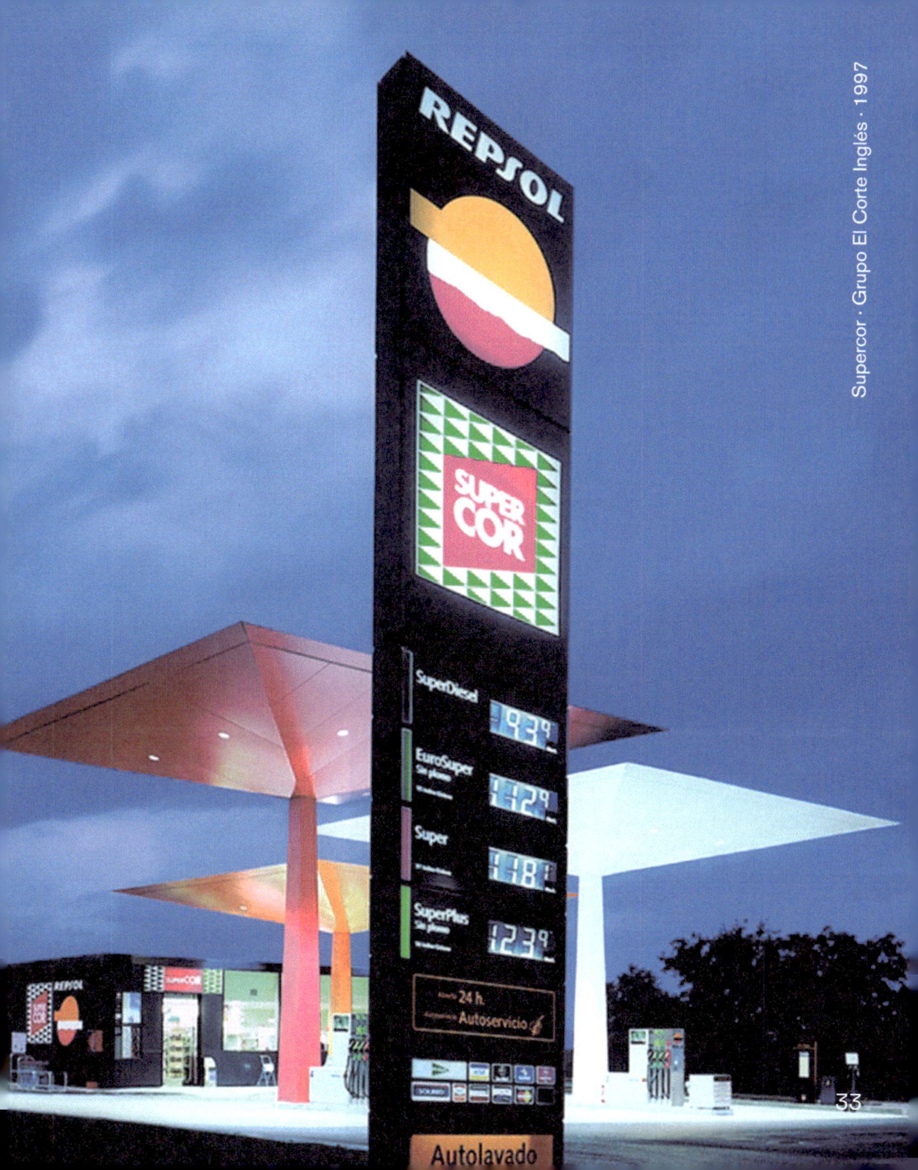

Supercor · Grupo El Corte Inglés · 1997

EFFECTIVE / EFICAZ

**As a designer, I've always been figurative; no matter how much I've simplified an image, I haven't lost my desire to represent the universe in an understandable way. Sometimes, at the end of the process, it can be difficult to identify the object I started with, but my goal is to make a stylized shape, for example, look like it's actually a heart. When I design, I'm figurative, probably because it's more effective in fulfilling the assignment I've been given.
As a visual artist, on the other hand, I move in the realm of abstraction.**

Como diseñador siempre he sido figurativo; por mucho que haya simplificado una imagen, no he perdido la voluntad de representar el universo de forma comprensible. A veces, al final del proceso, puede ser difícil identificar el objeto del que he partido, pero mi pretensión es que, por ejemplo, una forma estilizada se vea que en realidad es un corazón. Cuando diseño soy figurativo, probablemente porque es más eficaz para cumplir el encargo que me han hecho. Como artista plástico, en cambio, me muevo en el terreno de la abstracción.

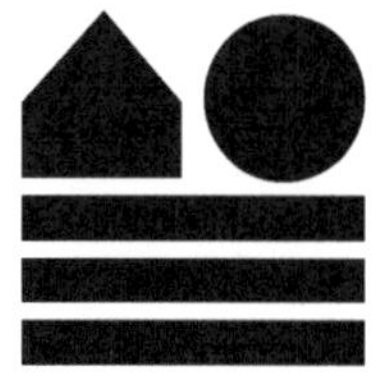

UIA Arquitectos · 1985

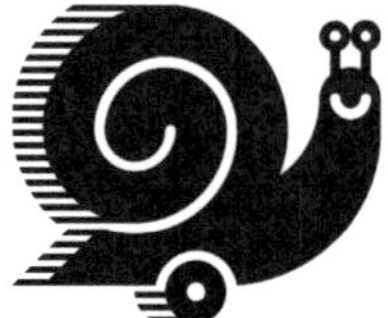

Seida · Autocaravanas · 1974

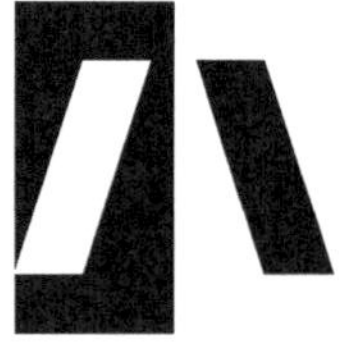

Puerta de Europa · 1994

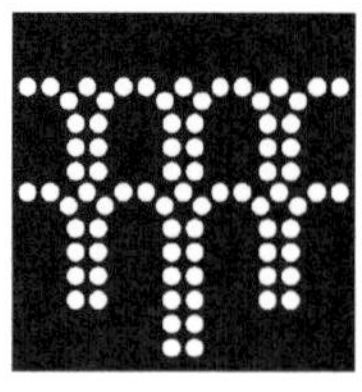

Premio Acueducto de Segovia · 2014

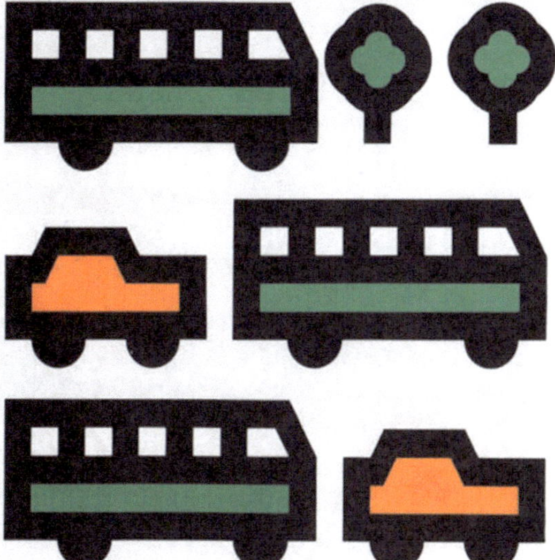

Campaña política e identidad para UCD · Unión de Centro Democrático · 1979

SEEK / BUSCAR

"I first find, then I seek." This is my favorite quote from Georges Braque, and the one from which I have learned the most. I think it describes, with marvelous precision, the process of human creation. I always strive to have a powerful semantic idea, I try to draw it in the best possible way... then I revise it so that it acquires a pragmatic quality... I have never felt fear about a blank sheet

«Yo primero encuentro y después busco». Esta es la frase de Georges Braque que más me gusta y de la que he extraído mejores enseñanzas. Me parece que describe, con precisión maravillosa, el proceso de la creación humana. Siempre me esfuerzo por tener una idea semántica potente, trato de dibujarla de la mejor manera posible... luego la reviso para que adquiera una cualidad pragmática... Nunca he sentido miedo ante una hoja en blanco.

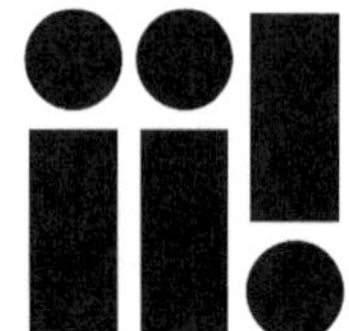

Idea · Distribución · 1991

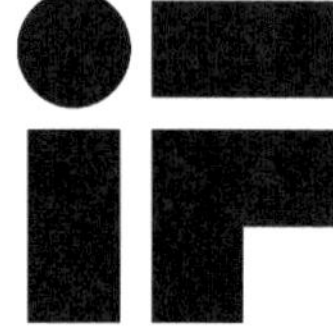

Ifsa · Franchising · 1984

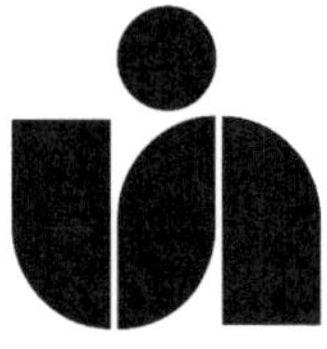

Unión Internac. Arquitec. · 1974

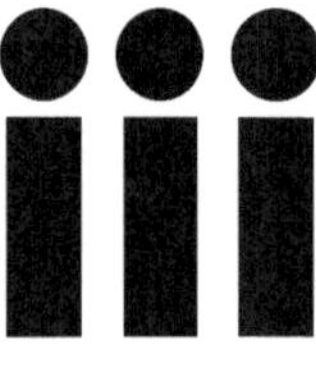

Tresic · Iniciativ. Indust. Innov. · 2007

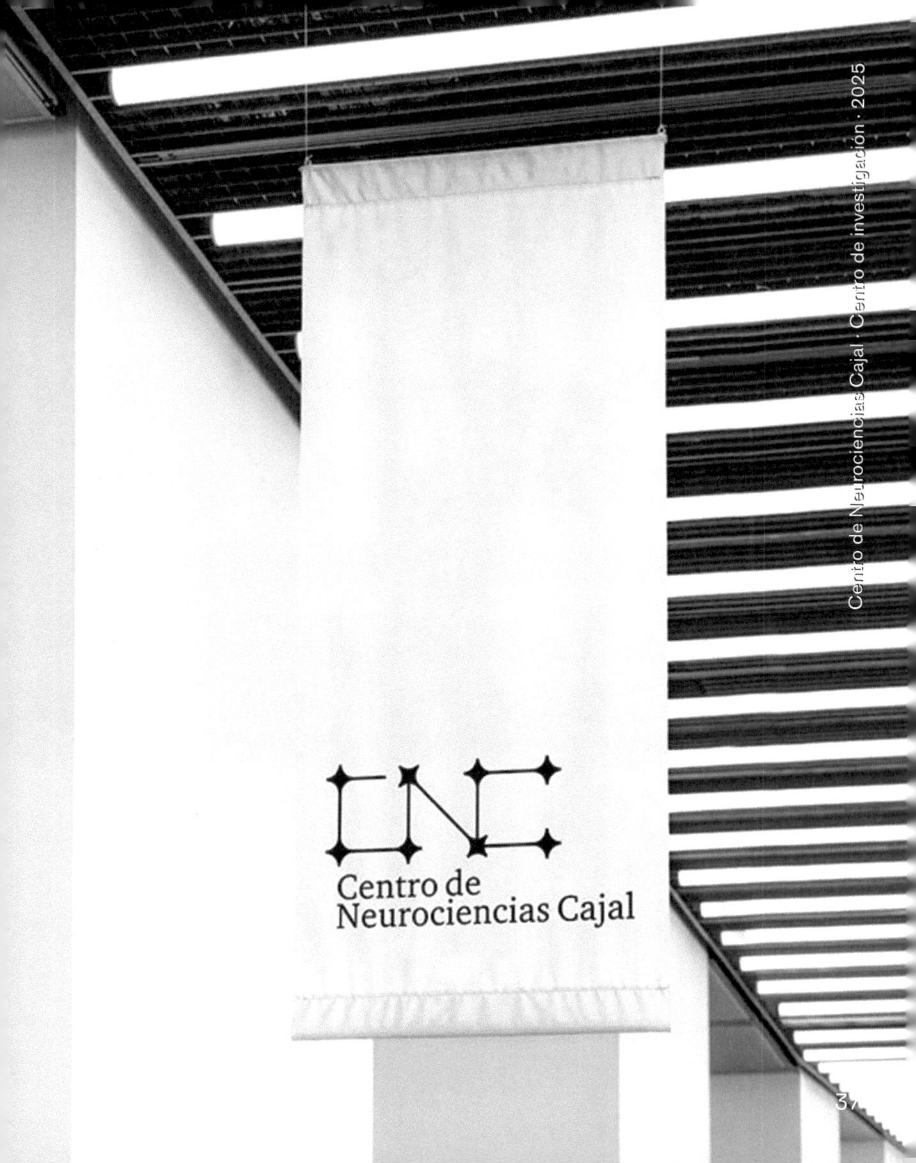
Centro de
Neurociencias Cajal

WANTING / QUERER

Being "out of the ordinary" is about nonconformity, about not assuming that things have to be done a certain way simply because the majority decides to do them that way. I'm an artist who dedicates himself to design. I say it as I feel, but of course you can be a great designer without being an artist. From Picasso, I learned the most decisive and useful lesson for any aspiring artist: above all, you must want to be an artist, against all odds, at full throttle, at all hours, every day, every year, all your life...

Ser un «fuera de serie» tiene que ver con el inconformismo, con no dar por hecho que las cosas deben hacerse de una determinada manera simplemente porque la mayoría decida hacerlas así. Yo soy un artista que se dedica al diseño. Lo digo como lo siento, pero por supuesto se puede ser un gran diseñador sin necesidad de ser artista. De Picasso he aprendido la lección más decisiva y útil para cualquier aprendiz de artista: por encima de todo hay que querer ser artista, contra viento y marea, a tope, a todas horas, todos los días, todos los años, toda la vida...

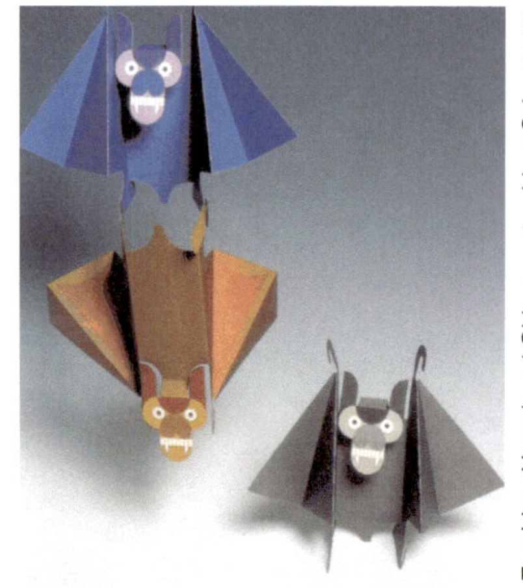

Zoo Idea: Vampiros / Chimpancés · Idea. S.A. · 1971

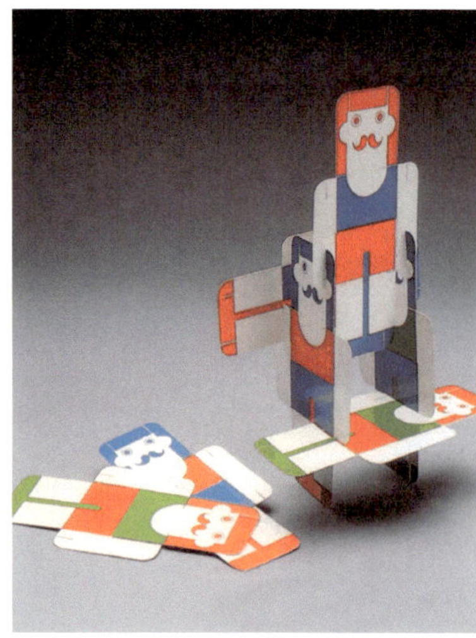

Juegos modulares · Idea. S.A. · 1971

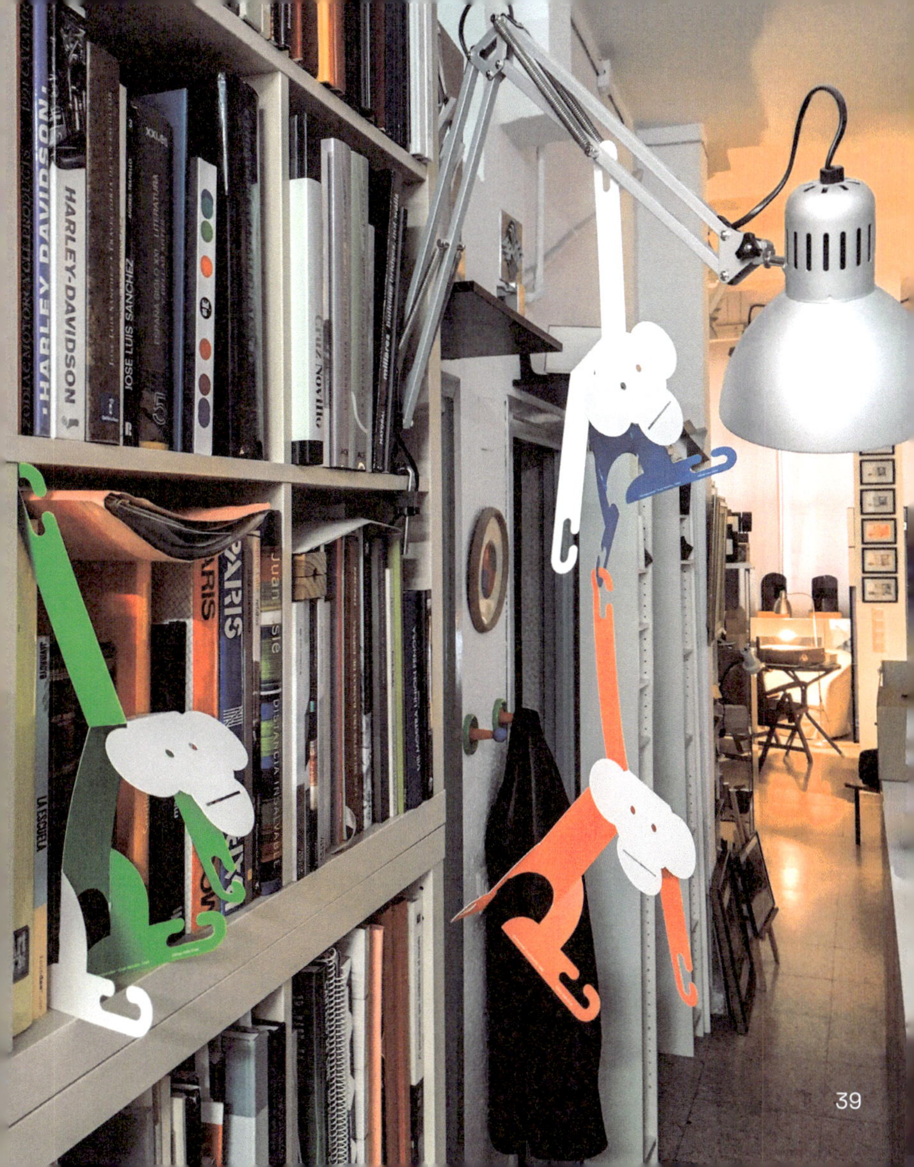
HARLEY DAVIDSON
HARLEY-DAVIDSON
JOSE LUIS SANCHEZ
Cruz Novillo
PARIS
LA ESCUELA
DISTANCIA INSALVABLE

COMMUNICATE / COMUNICAR

Design is made with what is known, art is made with what is unknown. The designer puts things in their place; the artist turns everything upside down. I believe that art should not communicate; that is, art communicates inexorably because a perceptual phenomenon occurs, which is the theory of communication: there is a sender, a message, inevitably a receiver. Art communicates for a reason other than one's own will.

El diseño se hace con lo que se sabe, el arte se hace con lo que se ignora. El diseñador pone las cosas en su sitio; el artista lo pone todo patas arriba. Yo creo que el arte no ha de comunicar, es decir, que el arte comunica de una manera inexorable porque se produce un fenómeno perceptivo que es la teoría de la comunicación: hay un emisor, un mensaje, inevitablemente un receptor. El arte comunica por otra razón que no es la propia voluntad.

Urbis · Constructora · 1975

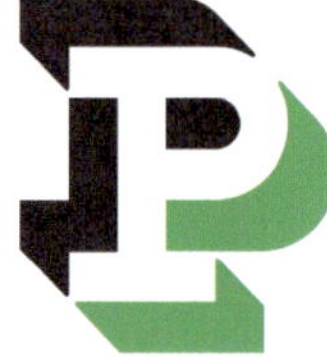

Pacsa · Constructora · 1992

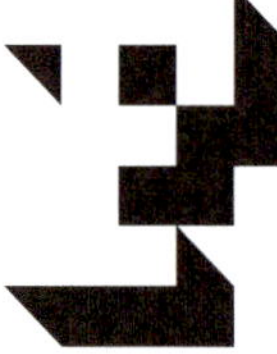

Fademesa · Fundición · 1986

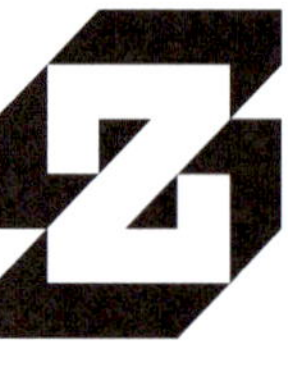

Banco Zaragozano · 1999

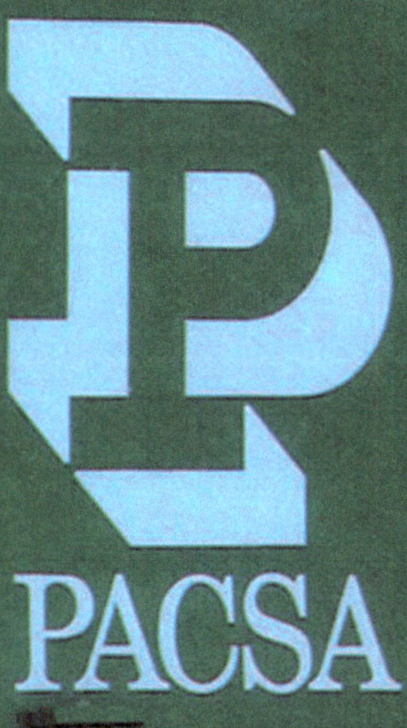
CT 187
PACSA

LINKAGE / VÍNCULO

I use perceptual elements that correspond to those used by constructivists or rationalist artists. What I want to do is analyze this paradoxical relationship that exists between reality and its representation, and my intention is much more philosophical. I'm more closely associated with conceptual artists. I know this is very difficult to explain. It's difficult to talk about something that is almost ineffable.

Utilizo elementos perceptivos que se corresponden con los que utilizan los constructivistas o los artistas racionalistas. Lo que yo quiero hacer es analizar esta relación paradójica que existe entre la realidad y su representación, y es muchísimo más filosófica mi intención. Me encuentro más vinculado con artistas conceptuales. Sé que esto es muy difícil de explicar. Es un problema hablar sobre lo que es casi inefable.

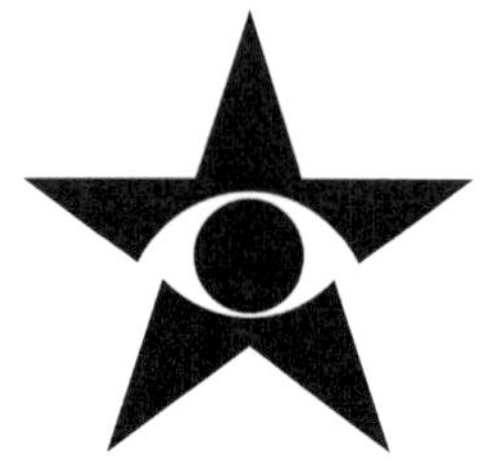

El ojo de la cámara · Productora · 1998

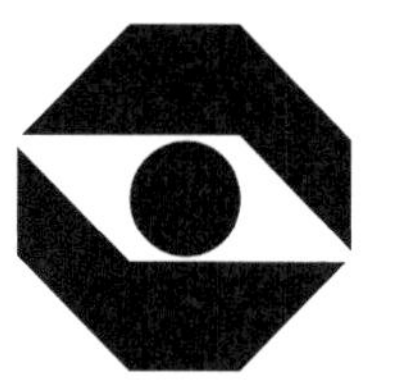

Expo Óptica · Feria · 1984

Visionlab · Laboratorios de la visión · 1989

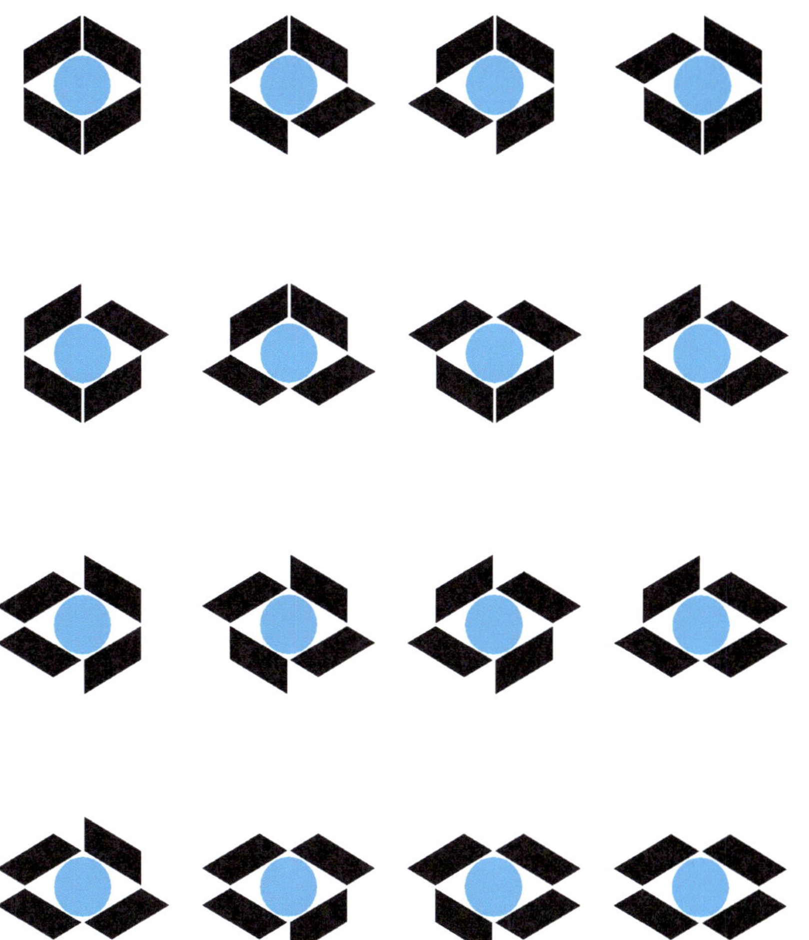

TVE 1 · Primera cadena de Televisión Española · 1981

FREEDOM / LIBERTAD

The designer solves problems, the artist solves solutions. An artist must necessarily be an expert at posing problems, and a designer must necessarily be an expert at creating solutions. An artist who is not free and does not pose problems is not an artist.

El diseñador soluciona problemas, el artista soluciona soluciones. Un artista debe ser necesariamente un experto en plantear problemas y un diseñador necesariamente tiene que ser un experto en crear soluciones. Un artista que no es libre y no plantea problemas no es artista.

Tilde · Grupo teatral · 1986

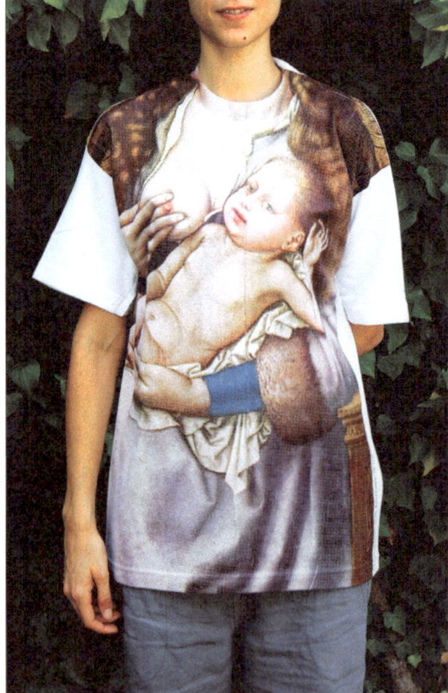

"The T-Selfportraits by Cruz Novillo" Worldwide Museums Project · 2013

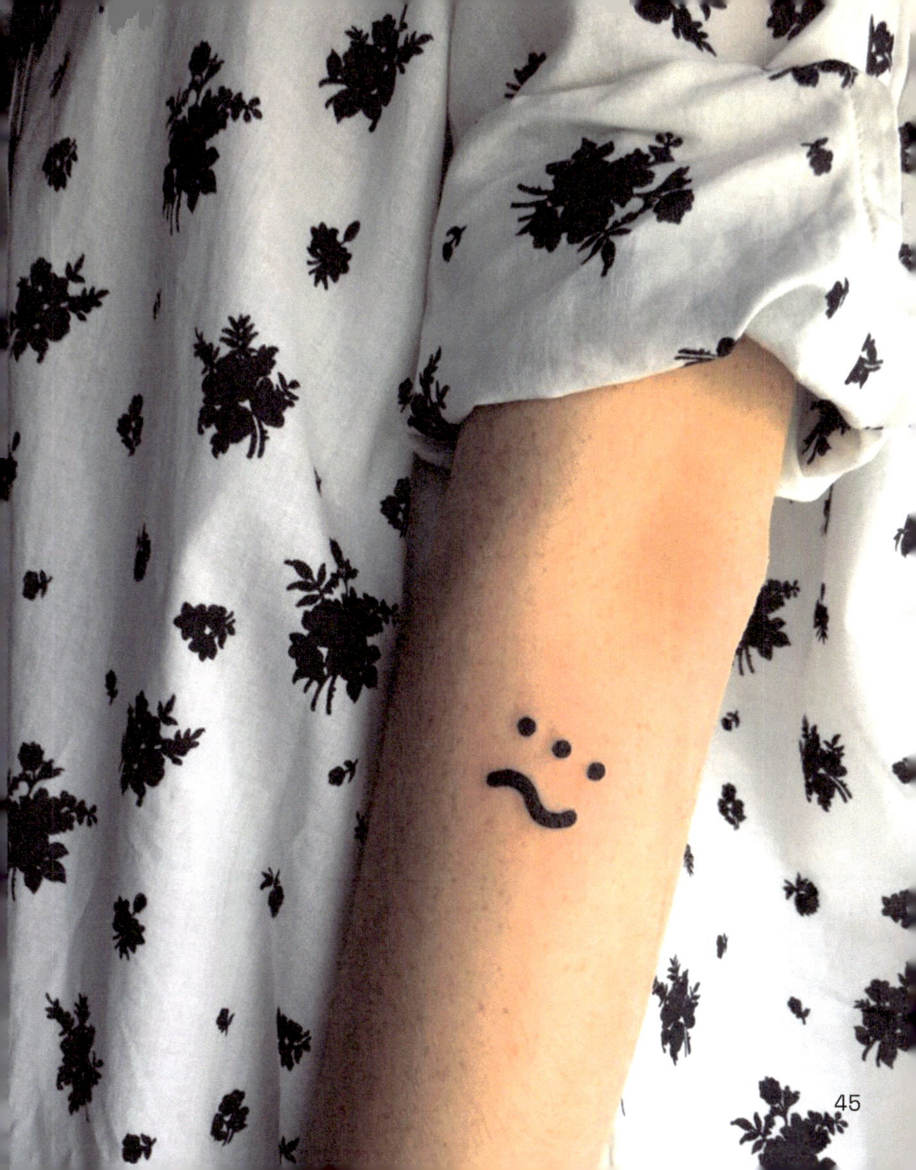

LETTERING / LETRAS

I'm not a typographer, I don't want to be one, and I never have, because for me, lettering is just one of the boxes in that archive of available resources, but nothing more, it's just one more, just as I've never handled an airbrush. By the way, the Helvetica typeface turned 65 years old in 2022, but it's far from retiring.

Yo no soy tipógrafo, no deseo serlo y no lo he deseado nunca, porque para mí la letra es una de las cajas del archivo ese de recursos disponible, pero nada más, es una más, del mismo modo que no he manejado un aerógrafo nunca. Por cierto, la tipografía Helvética cumplió precisamente en 2022 los 65 años, pero está lejos de jubilarse.

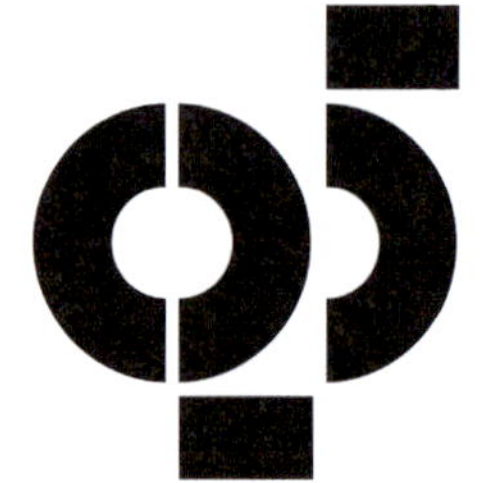

Corporación 25 · Grupo de empresas · 1977

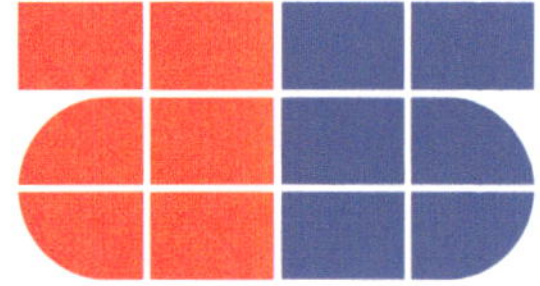

A5 Arquitectos · Estudio · 1970

Endesa 50 aniversario · 1993

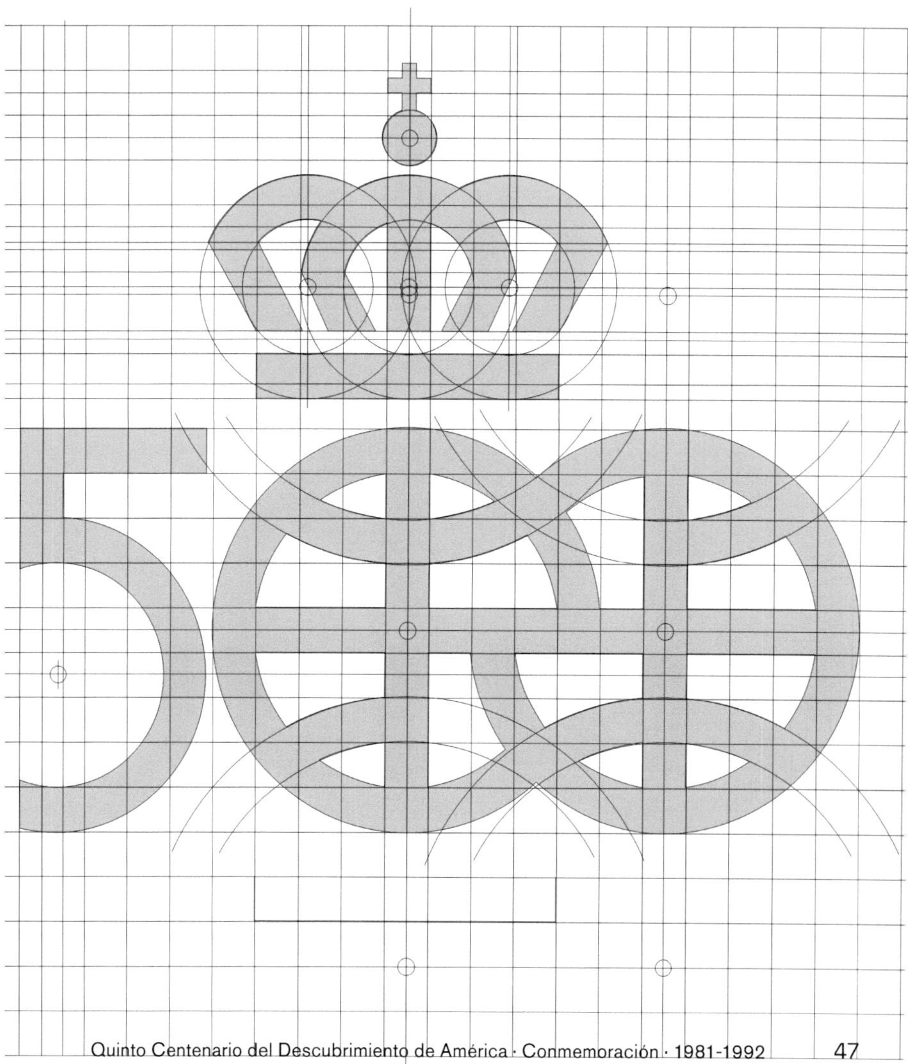

pink

1

inves

2

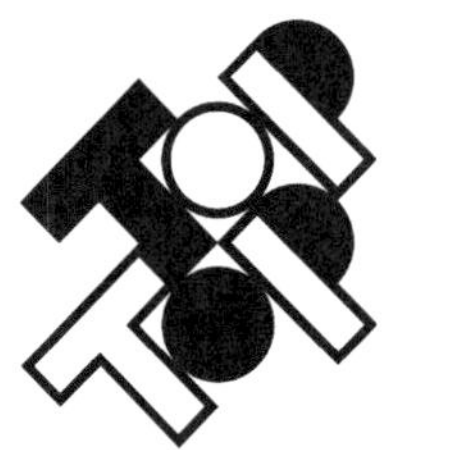

3

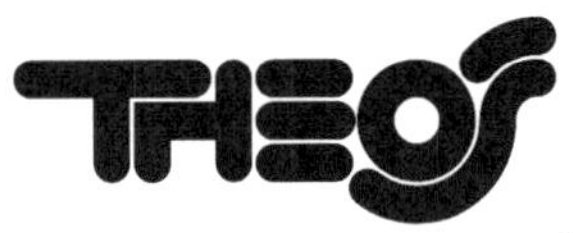

4

INNER
LINE

5

crisis

6

patinopolis

7

pool

8

SCHOMMER

9

TORRE
PICASSO

10

(1) Pink · Boutique de moda · 1983 (2) Inves · Informática El Corte Inglés · 1994 (3) Top Top · Diseño de moda · 1982 (4) Theo's · Bar americano · 1975 (5) Innerline · Estudios de mercado · 1988 (6) Crisis · Discoteca · 1984 (7) Patinopolis · Pista de patinaje · 1983 (8) Pool · Servicios Financieros · 1981 (9) Alberto Schommer · Fotógrafo · 2010 (10) Torre Picasso · Edificio · 1988

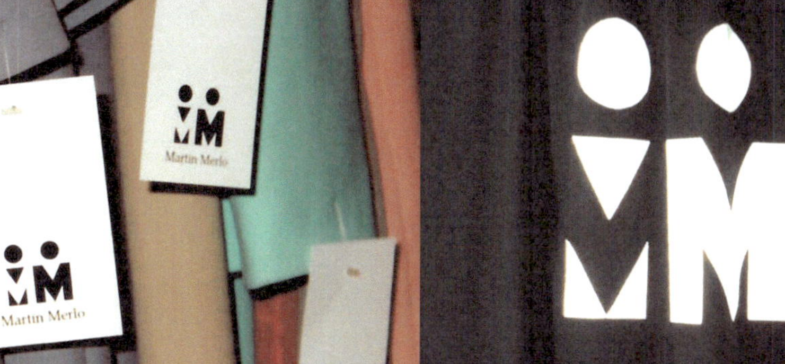

Martín Merlo · Sastrería · 1999

Pink · Boutique de moda · 1983

SYSTEMS / SISTEMAS

I have spent 60 years carrying out the same procedure: fist think and then draw. Never draw without having the idea in the head, or in the heart. The creative or creator operation is inventing the system, not executing the final result. I have always been interested in the creation of languages. I am interested in elements that can be serialized or combined.

Llevo 60 años siguiendo el mismo procedimiento: primero pensar y luego dibujar. Nunca dibujes sin tener la idea en la cabeza o en el corazón. La operación creativa o creadora es inventar el sistema, no la ejecución del resultado final. Me ha interesado siempre la creación de lenguajes. Me interesan los elementos susceptibles de serializarse o de combinarse.

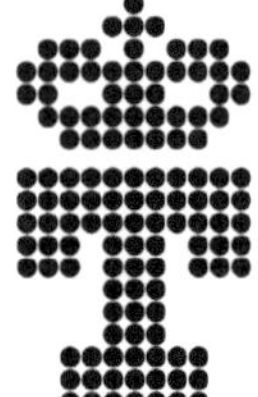

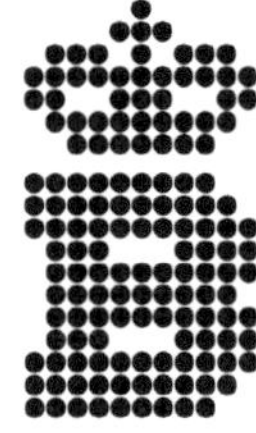

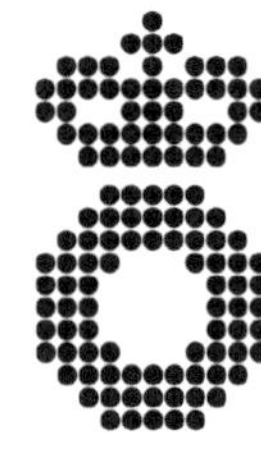

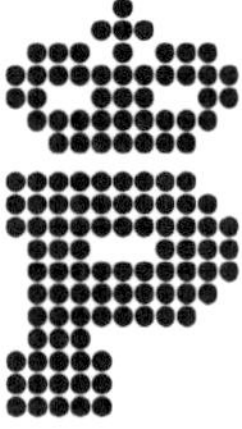

Tesoro Público · Ministerio de Economía/ Pagarés del Tesoro / Obligaciones del Estado / Bonos del Estado / Tesoro Público · 1984

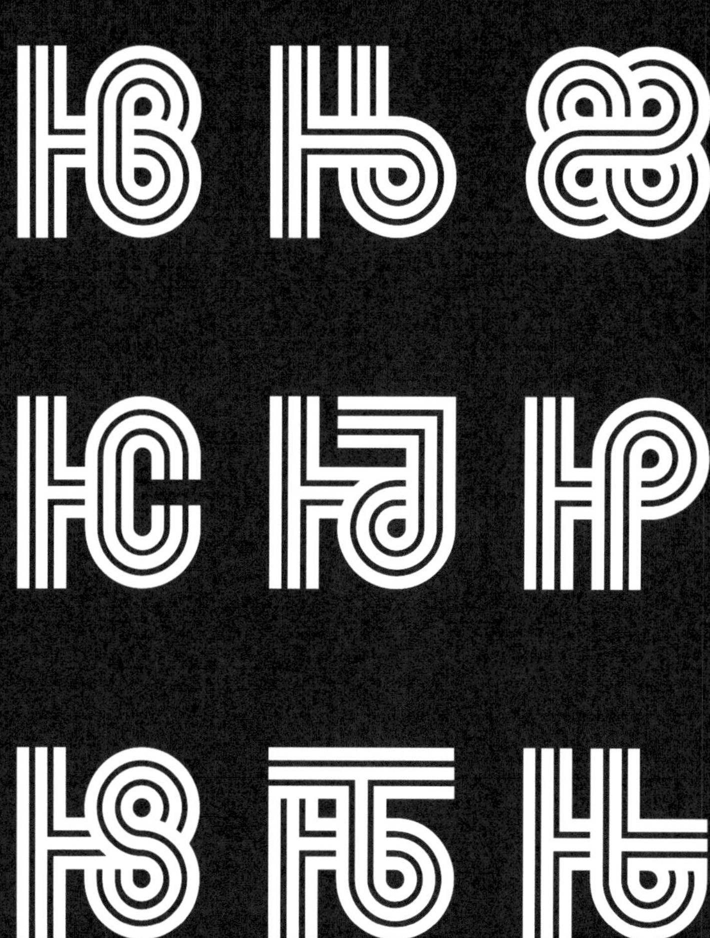

Compañía Hotelera del Mediterráneo · Cadena de hoteles · 1971

REALISTIC / REALISTA

Constructive objectivity encloses—and buries—expressive subjectivity. I aim to be absolutely realistic. Reality is the only thing that interests me; not reality that is finished, but incomplete reality. Ultimately, I try to create reality. Among the aspects of reality that interest me most, color, texture, weight, purity, and the tactile sense of matter occupy a very important place.

En la objetividad constructiva se encierra –y entierra– la subjetividad expresiva. Tengo la pretensión de ser absolutamente realista. La realidad es lo único que me interesa; no la realidad que está acabada, sino la realidad incompleta. En definitiva intento hacer la realidad. Entre las partes de la realidad que me interesan ocupan un lugar muy importante el color, la textura, el peso, la pureza o el sentido táctil de la materia.

Renfe · Estaciones · 1991

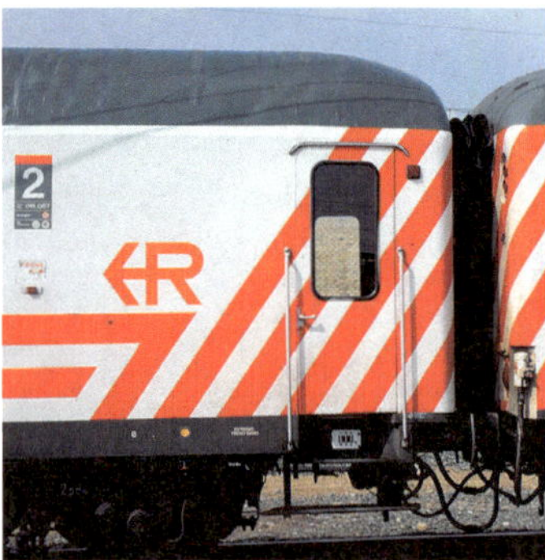

Renfe · Regionales · 1991

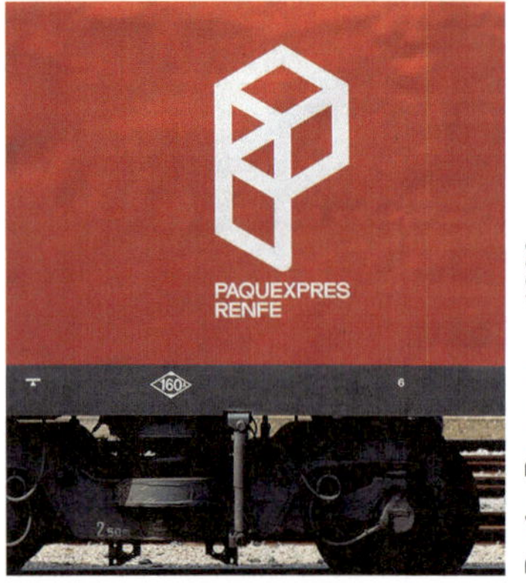

Renfe · Paquexpres · 1990

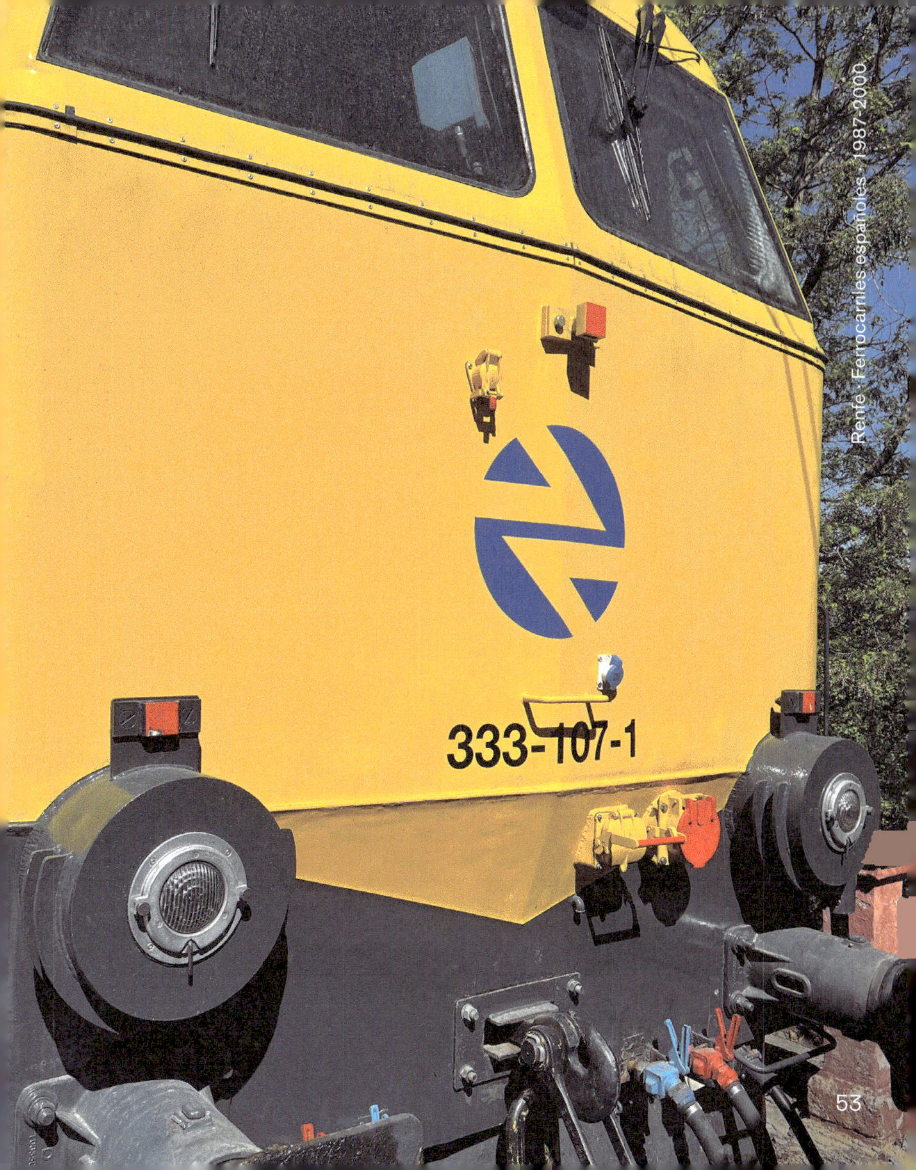
333-107-1

CREATE / CREAR

To design is to create. I don't conceive of being a designer or an artist without the specific will to innovate. To create. Creating in the world of design is a specialty; there are others: creating, writing, photographing, filming, typographing, illustrating... Let's create, each in their own way. Never copy anything! This is a pending revolution.

Diseñar es crear. Yo no concibo que se pueda ser diseñador ni que se pueda ser artista sin la voluntad específica de innovar. De crear. Crear en el mundo del diseño es una especialidad; hay otras: realizar, redactar, fotografiar, filmar, «tipografiar», ilustrar... A crear, cada cual en lo suyo. ¡No copiar nunca nada! Esta sí que es una revolución pendiente.

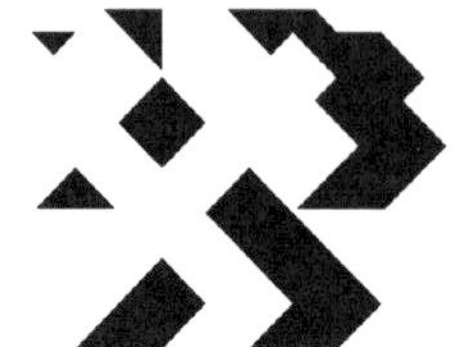

Instituto Geominero · 1988

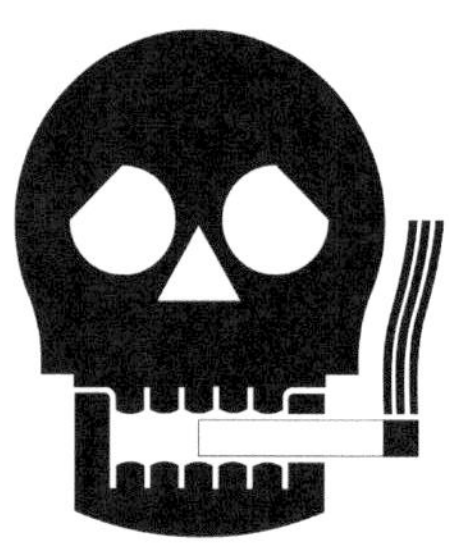

¿Usted fuma? · Campaña antitabaco · 1978

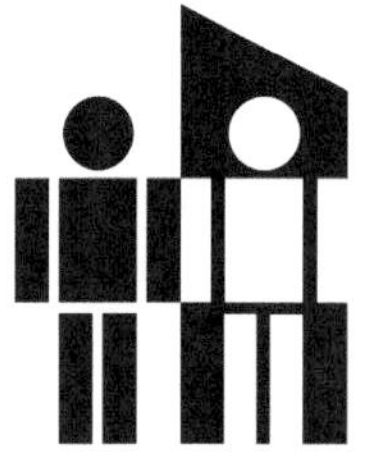

Shelter for the Homeless · UIA · 1985

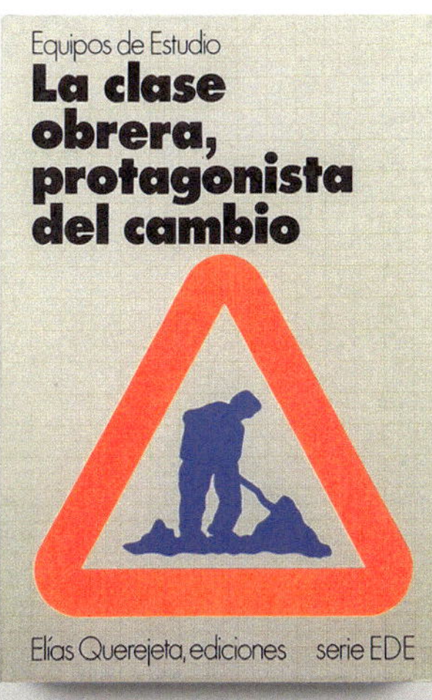

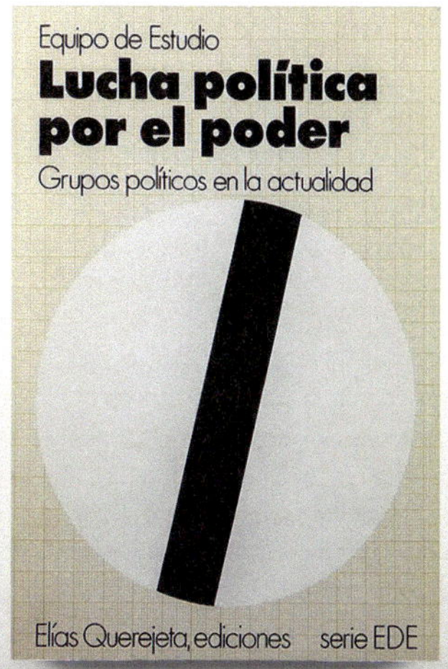

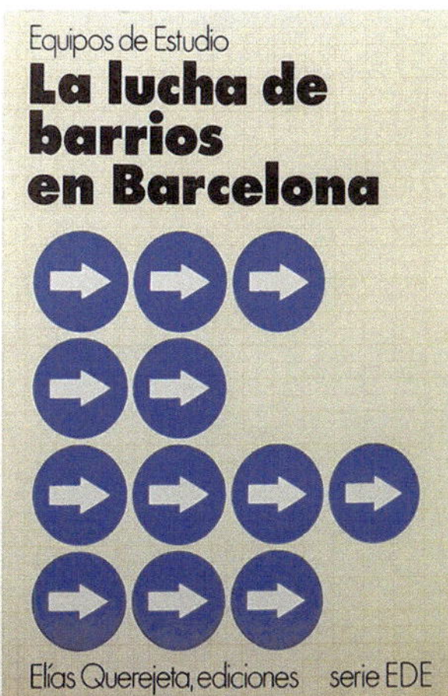

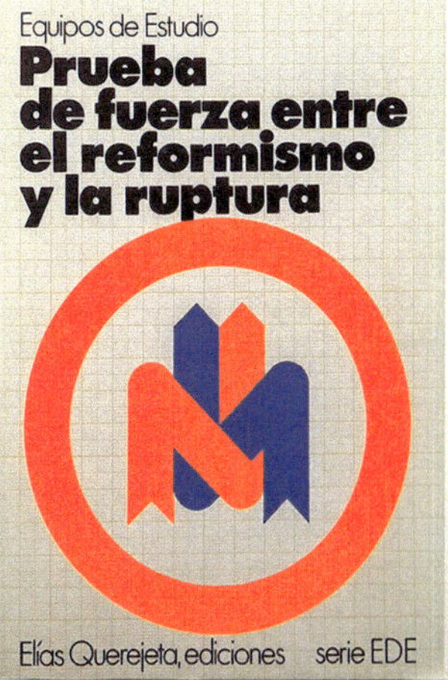

Elías Querejeta Ediciones · Colección Equipos de Estudio · Serie EDE · 1977

POWERFUL / POTENTE

In 1977, they used an anvil and inkwell as their visual identity—a somewhat esoteric and inappropriate image. I suggested they adopt the symbol of the fist and the rose, and I believe the way I designed it, accompanied by the then-new and modern Helvetica typeface, was decisive in their acceptance of this idea. Design is an extremely powerful weapon; managed intelligently, it is one of the most important cultural and economic assets that a small business or an entire country can possess. I hope we all realize this.

En 1977 utilizaban como identidad visual un yunque y un tintero –una imagen algo esotérica y poco adecuada–. Propuse que adoptaran el símbolo del puño y la rosa y creo que fue decisivo para que aceptaran esta idea la manera en que lo dibujé, acompañado de una por entonces novedosa y moderna tipografía Helvética. El diseño es un arma poderosísima; gestionado con inteligencia, es uno de los patrimonios culturales y económicos más importantes que puede tener tanto una pequeña empresa como todo un país. Ojalá seamos todos conscientes de ello.

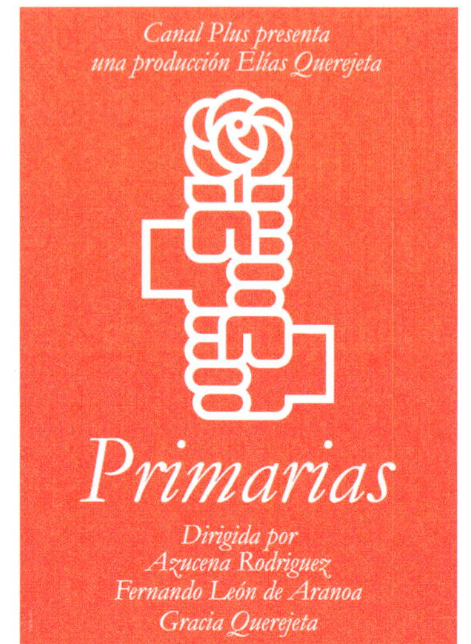

Cartel para la Productora Elías Querejeta · 1998

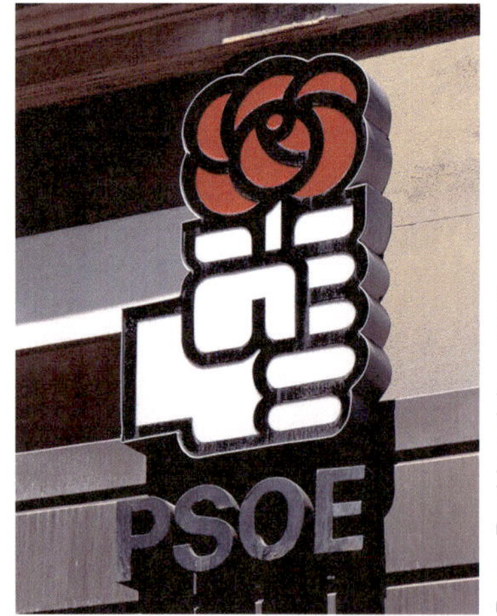

Psoe · Partido político · 1977

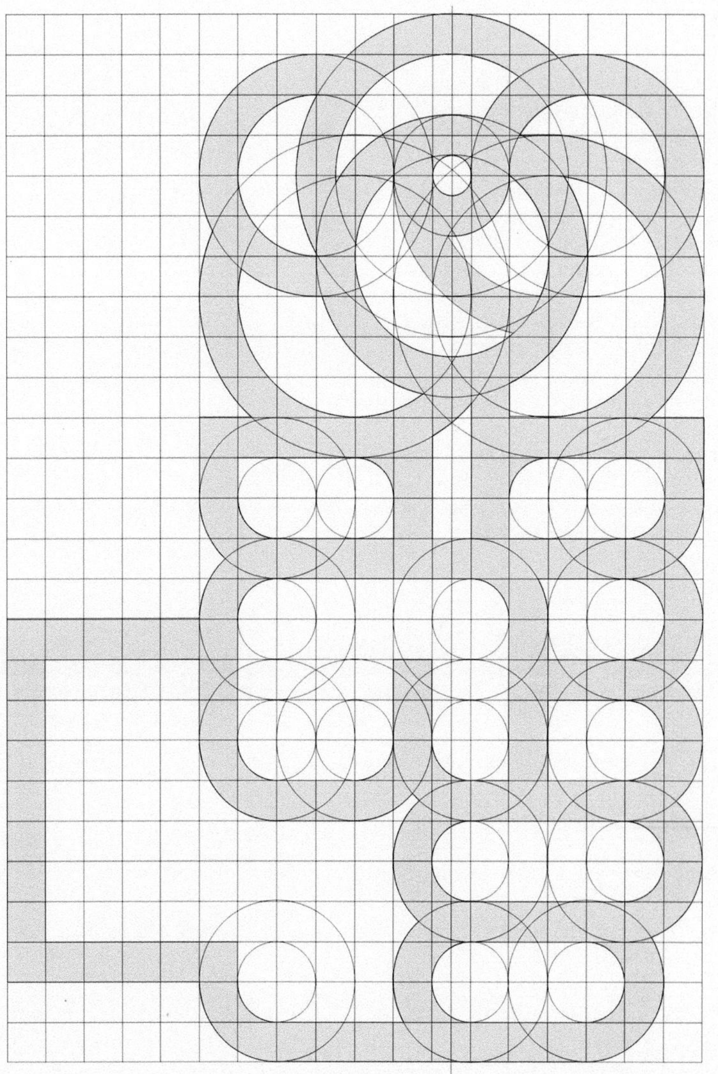

TRUST / CONFIANZA

A good client always gets a good and profitable design, because a good client chooses their collaborators well in each phase of the production process. It's a simple formula for professional analysis, a syllogism that should not be forgotten. I am convinced that for years and years I have been a very good collaborator for my clients.

Un buen cliente siempre consigue un buen y rentable diseño, porque un buen cliente elige bien a sus colaboradores en cada una de las fases del proceso de producción. Es una fórmula simple de análisis profesional, un silogismo que conviene no olvidar. Estoy persuadido de que durante años y años he sido para mis clientes un muy buen colaborador.

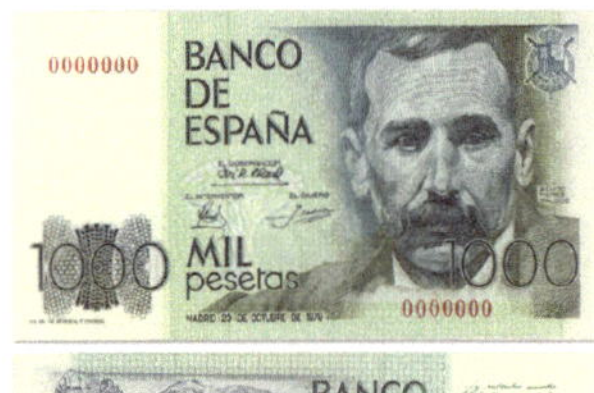

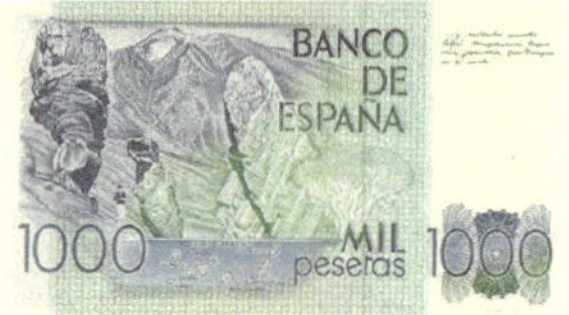

Billetes del Banco de España · 1978-1985

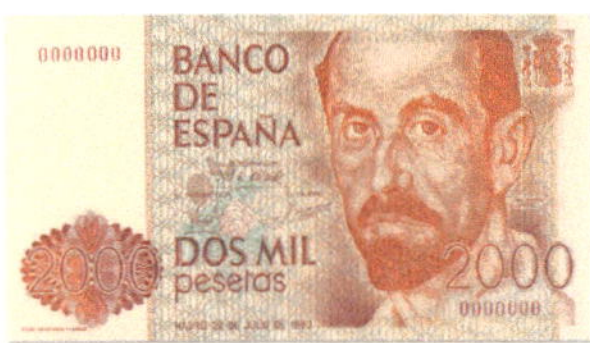

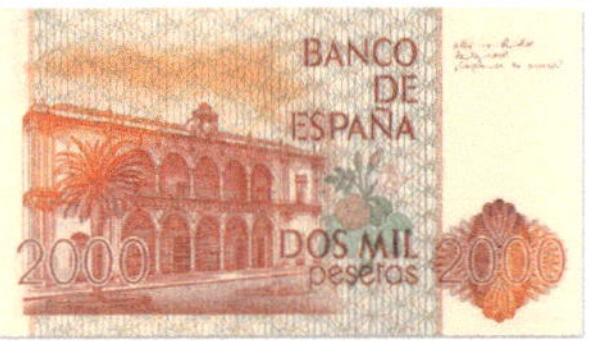

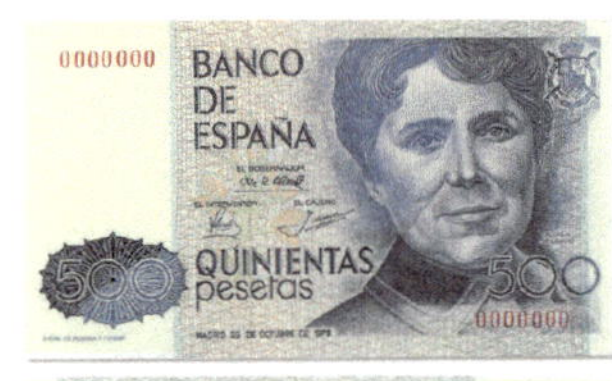

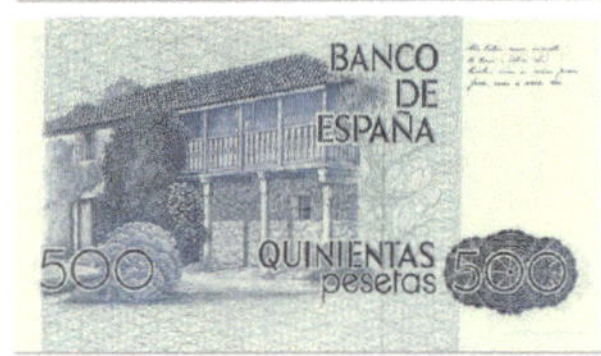

Billetes de Euro · Concurso restringido · 1996

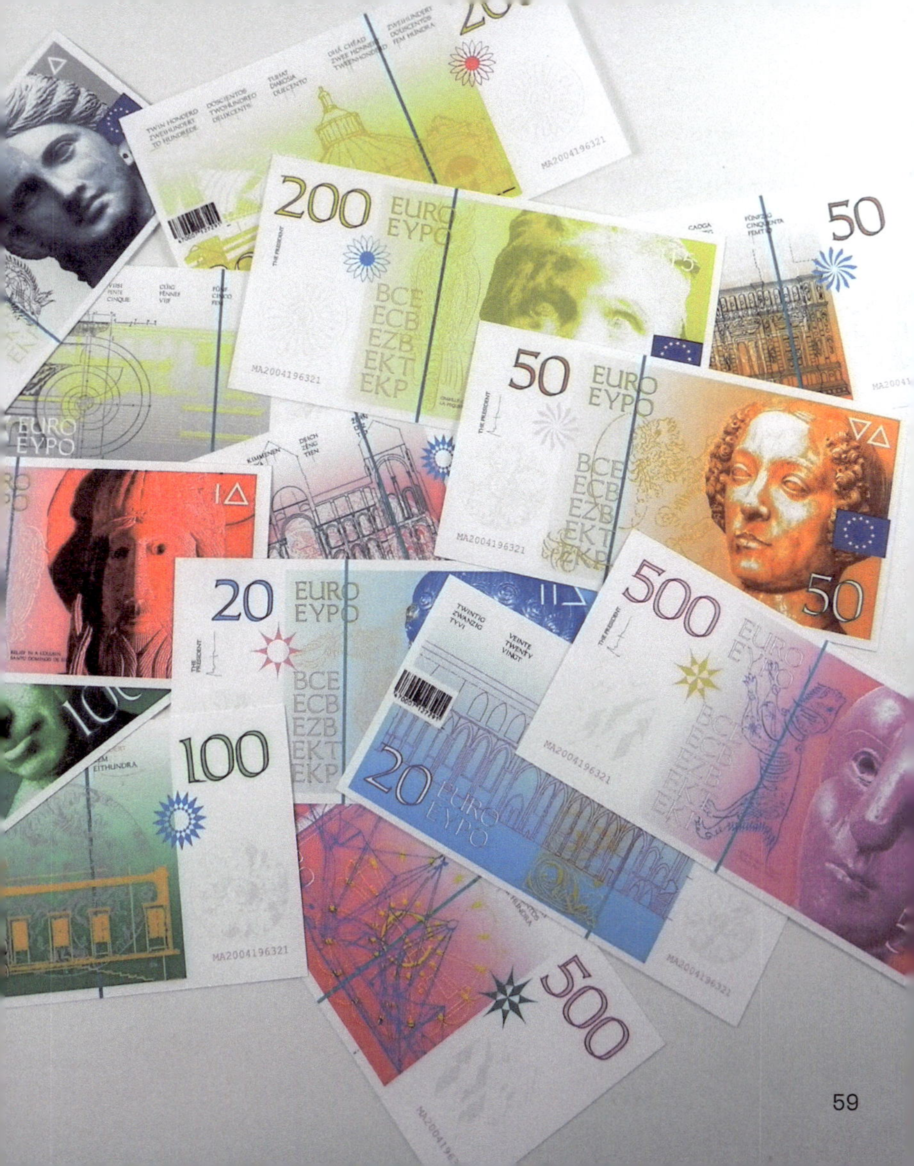
200
EURO
EYPO
BCE
ECB
EZB
EKT
EKP
MA2004196321
50
EURO
EYPO
BCE
ECB
EZB
EKT
EKP
MA2004196321
50
20
EURO
EYPO
BCE
ECB
EZB
EKT
EKP
500
EURO
EYPO
MA2004196321
20
EURO
EYPO
MA2004196321
100
MA2004196321
500
EURO
EYPO
TWINTIG
ZWANZIG
VEINTE
TWENTY
VINGT

TARGET / DIANA

The designer is an archer who shoots the arrow with the aim of hitting the center of the target; the artist shoots the arrow and, where it has hit, paints the target. (The designer shoots the arrow into the target. The artist shoots the target into the arrow.)

El diseñador es un arquero que lanza la flecha con el propósito de acertar en el centro de la diana; el artista lanza la flecha y, en el lugar donde se ha clavado, pinta la diana. (El diseñador clava la flecha en la diana. El artista clava la diana en la flecha).

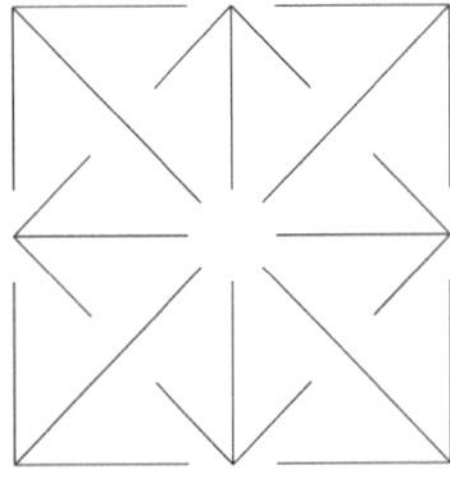

1

(1) ADE · Asociación de Diplomáticos Españoles · 1993 (2) Cdti · Centro para el desarrollo tecnológico industrial · 1980 (3) Aero Andalucia · Compañía de aviación · 1984 (4) Prodespaña · Empresa de exportación · 1981 (5) Norte · Agencia de viajes · 1980 (6) Per · Gestora Inmobiliaria · 1987 (7) Galería Península · 1973 (8) Impact · Revista de marketing · 1967 (9) Transa · Compañía de transportes · 1969 (10) Cdti Prize · Centro de Desarrollo Tecnológico Industrial · 1980 (11) Enatcar · Compañía de transportes (Concurso) · 1996 (12) Nertal · Compañía constructora · 1966 (13) Timón · Grupo de empresa · 1973 (14) Ausa · Autopistas Argentinas · 1979 (15) Dipresa · Explotación agrícola · 1998 (16) Ayuntamiento de Madrid · Sistemas integrados de gestión de la Ciudad de Madrid (Concurso) · 2017 (17) Canal de Editoriales · Grupo editorial · 1973

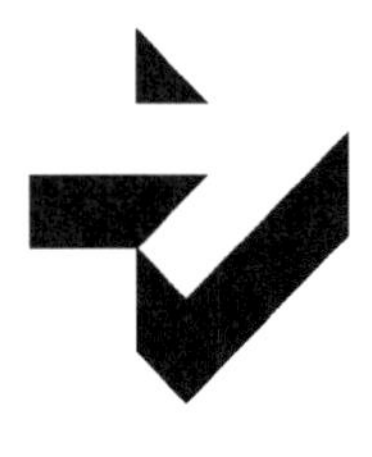

2

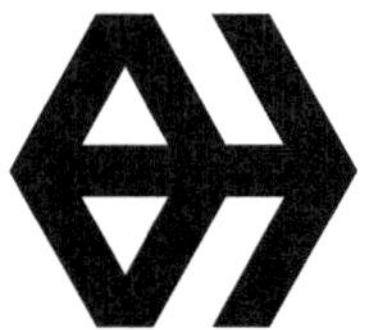

3

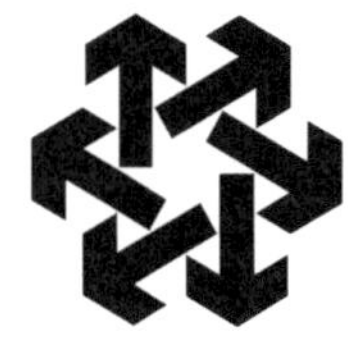

4

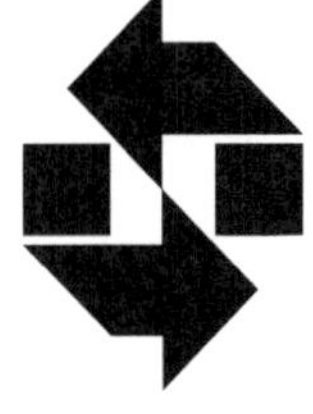

5

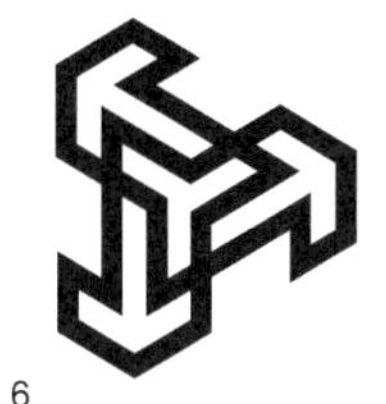
6

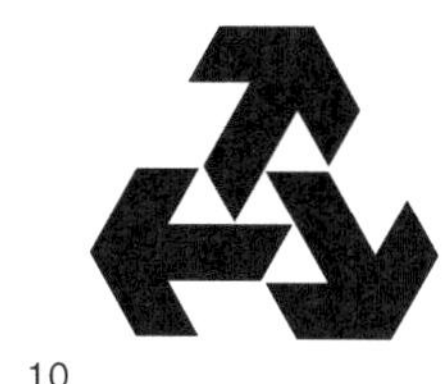
10

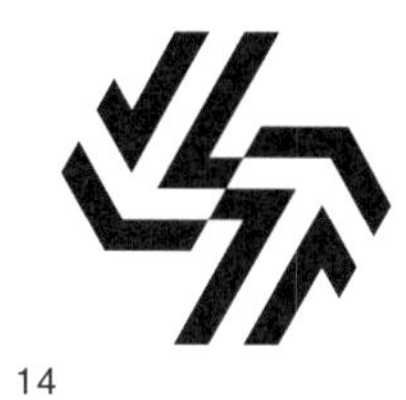
14

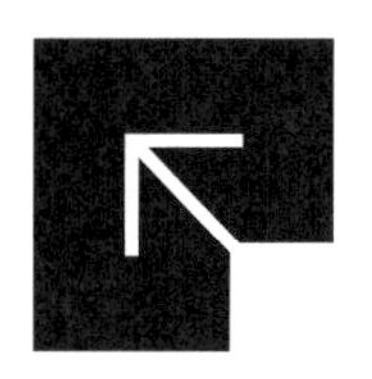
7

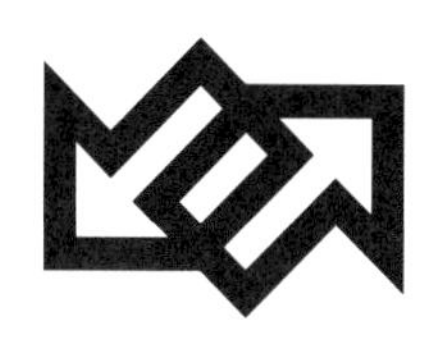
11

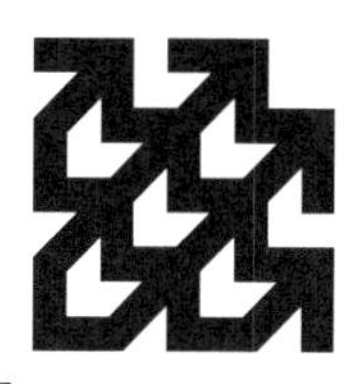
15

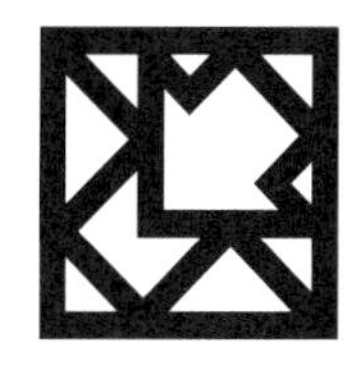
8

12

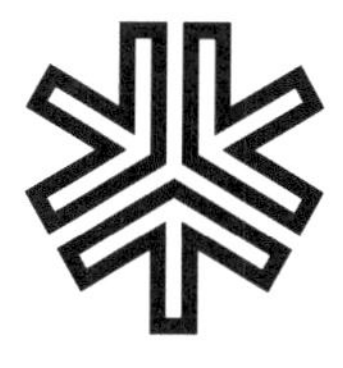
16

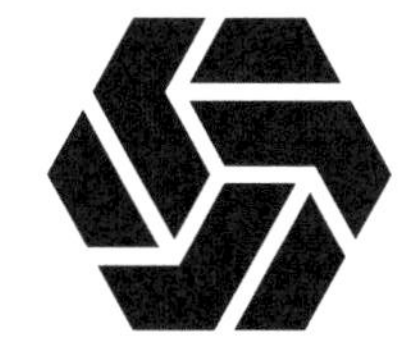
9

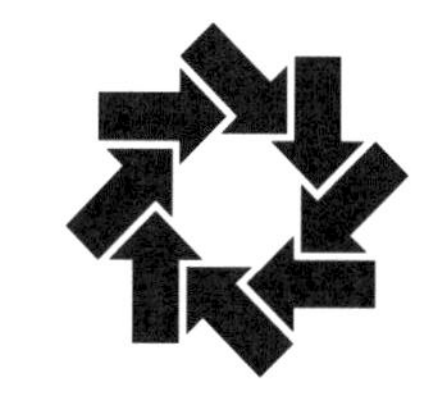
13

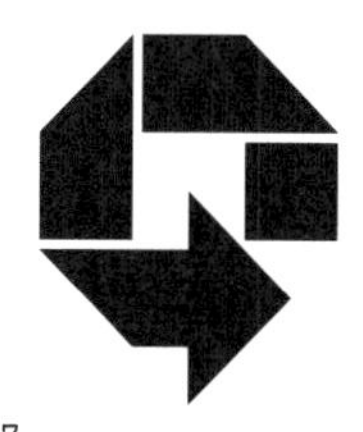
17

IMPACT / IMPACTO

One of the greatest surprises of my life as a person was discovering, with the poor means available at the time, the works of Mondrian, van Doesburg, or some of these neoplastic artists, and I'm sure they had a tremendous impact on me, because it was the supposition of a new world.

Una de las grandes sorpresas de mi vida como persona, fue descubrir, con los medios tan malos que había entonces, las obras de Mondrian, de van Doesburg, o alguno de estos artistas neoplasticistas, y estoy seguro de que me produjeron un impacto tremendo, porque fue la suposición de un mundo nuevo.

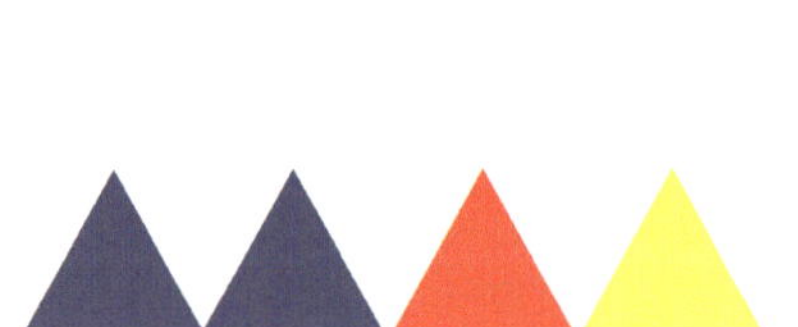

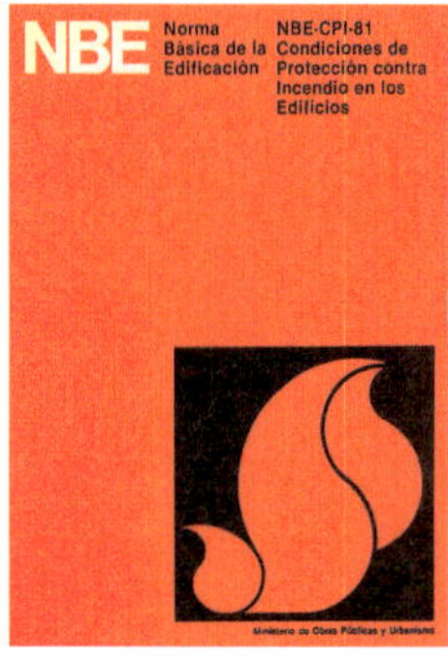

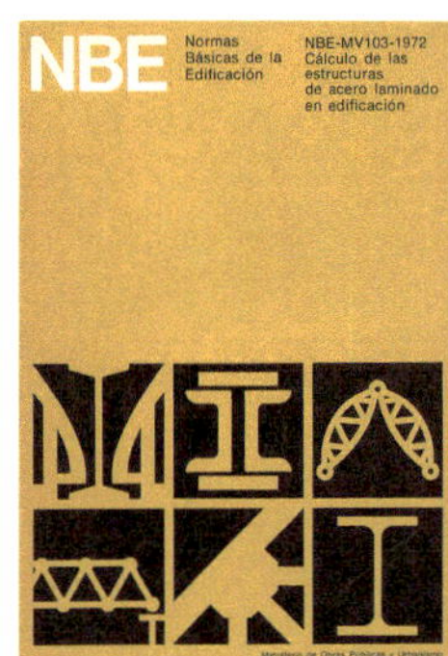

Normas Básicas de la Edificación · MOPU · 1972

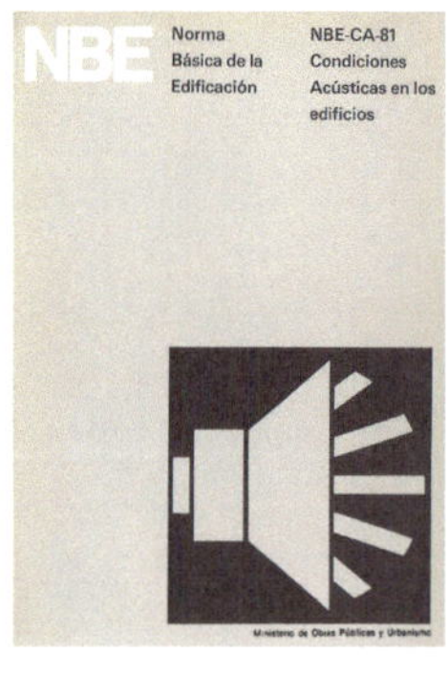

Música Antigua Aranjuez · Evento musical anual · 1994

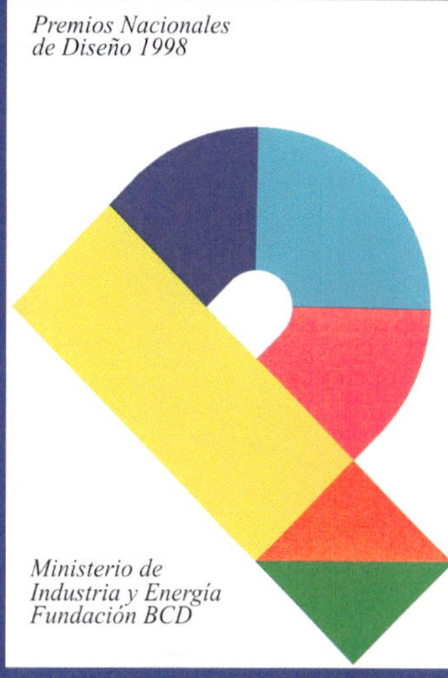
Premios Nacionales
de Diseño 1998
Ministerio de
Industria y Energía
Fundación BCD

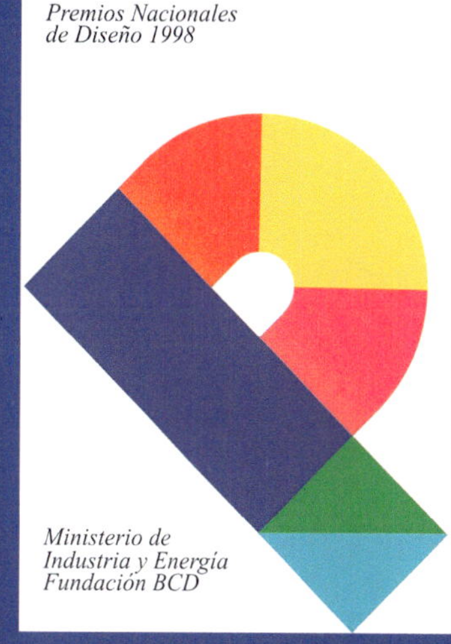
Premios Nacionales
de Diseño 1998
Ministerio de
Industria y Energía
Fundación BCD

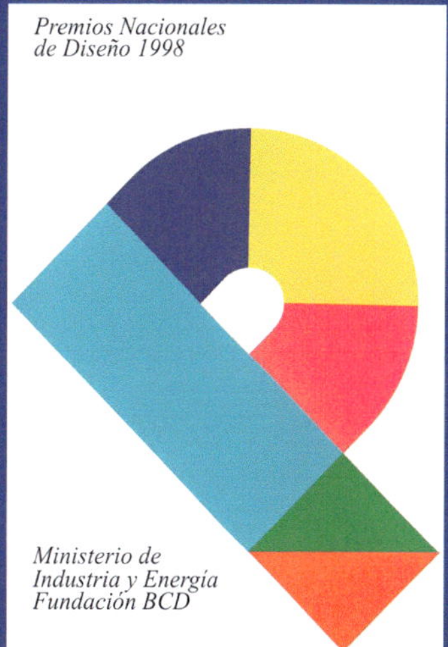
Premios Nacionales
de Diseño 1998
Ministerio de
Industria y Energía
Fundación BCD

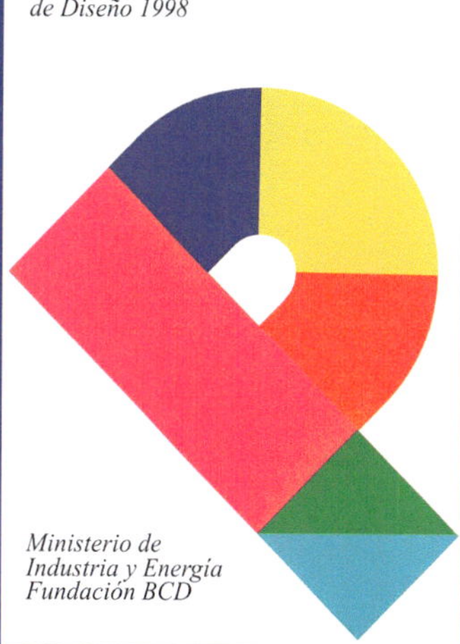
Premios Nacionales
de Diseño 1998
Ministerio de
Industria y Energía
Fundación BCD

STYLE / ESTILO

Thanks to the editors of Novum, Graphis, Domus, Print, Línea Gráfica, Ottogono, Design..., we discovered the work of our colleagues from around the world and created the foundations for the emergence of a sometimes unfairly maligned International Style, essential for the existence of a specific, powerful and constantly evolving design culture.

Gracias a los editores de Novum, Graphis, Domus, Print, Línea Gráfica, Ottogono, Design..., descubrimos el trabajo de nuestros colegas de todo el mundo y creamos las bases para el surgimiento de un, a veces denostado injustamente, Estilo Internacional, imprescindible para la existencia de una cultura específica del diseño, potente y en continua evolución.

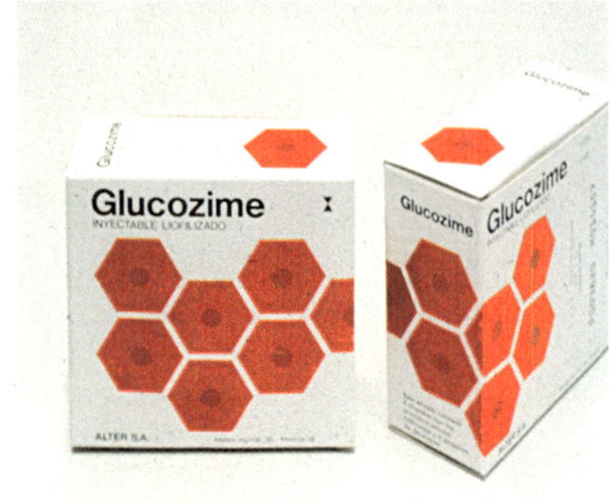

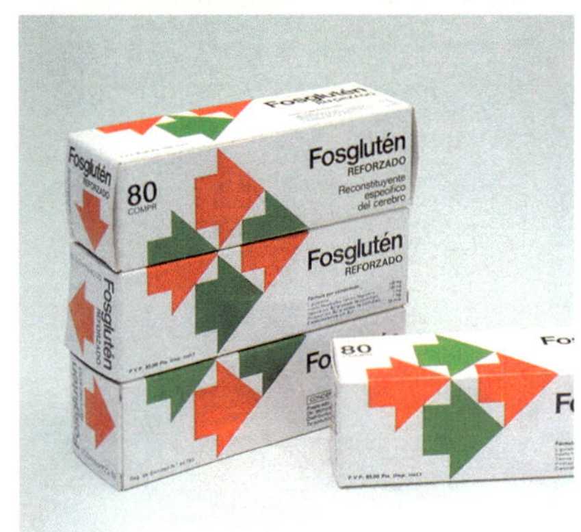

Packaging · Laboratorios Alter · Farmacéutica · circa 1970

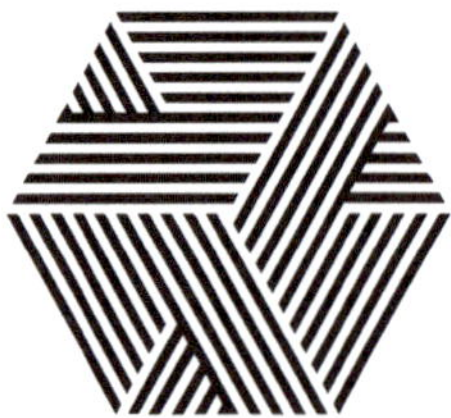

Laboratorios Alter · 1973

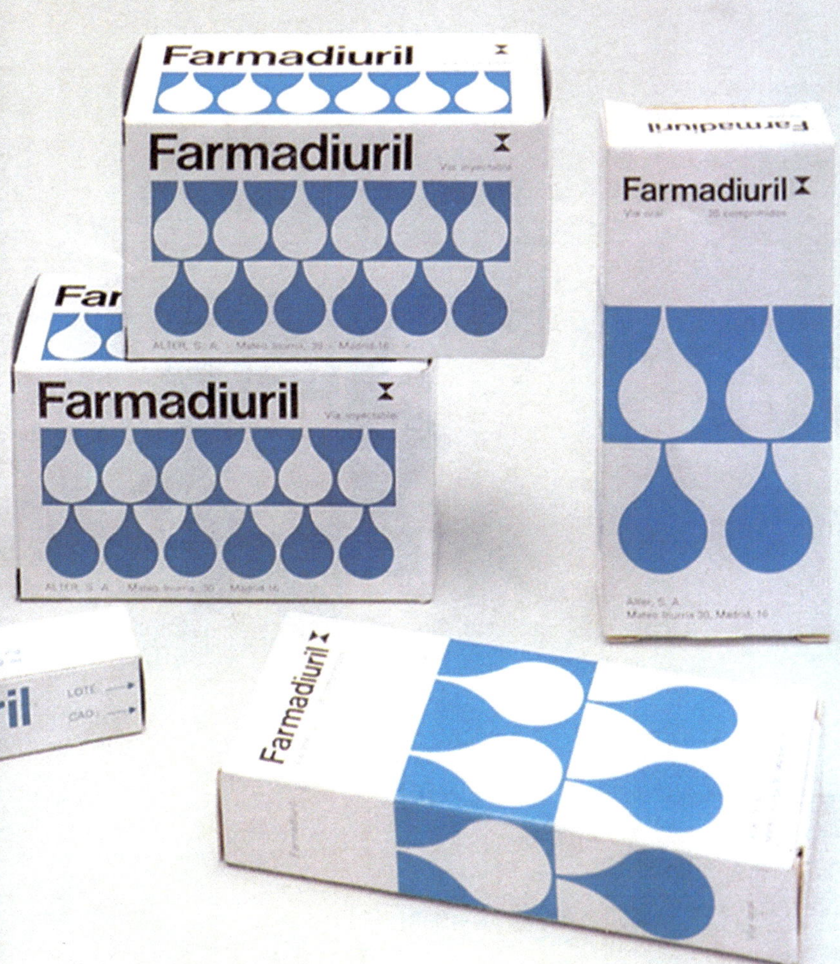
Farmadiuril
Farmadiuril
Farmadiuril
Farmadiuril
Farmadiuril
LOTE
CAD

Entrecanales y Tavora · Compañia constructora · 1973

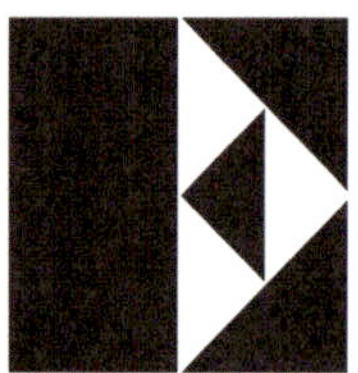

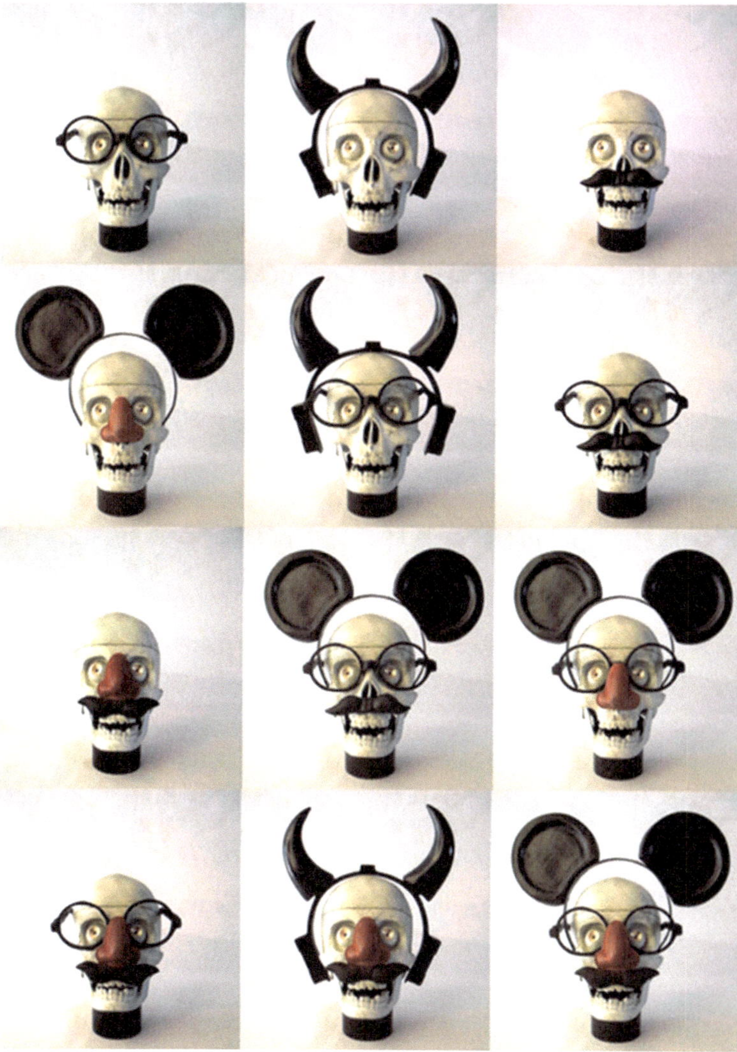

«Diafragma Skull» · Bronce con diversas pátinas · 2008

CYCLES / CICLOS

I must mention the most notable characteristic common to all my work, regardless of its genre, technique, material, or dimension, and that is the formal, thematic, spatial, and temporal transversality that makes it possible for me to approach the creation of works belonging to cycles separated by, sometimes, several decades.

Debo referirme a la mas notable característica común de todos mis trabajos, cualquiera que sea su género, técnica, materia, dimensión... y es la transversalidad, formal, temática, espacial y temporal que hace que sea posible para mí abordar la realización de obras pertenecientes a ciclos separados entre sí a veces por varias decenas de años.

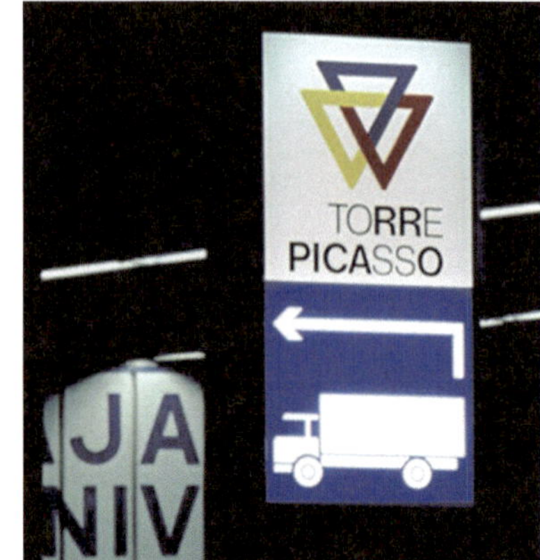

Torre Picasso · Edificio en Madrid · 1988

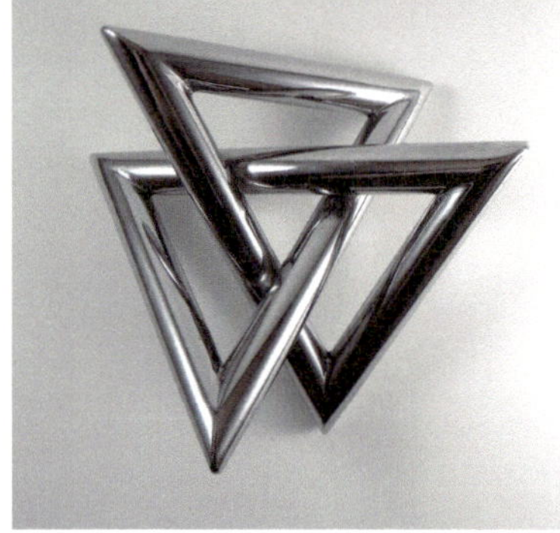

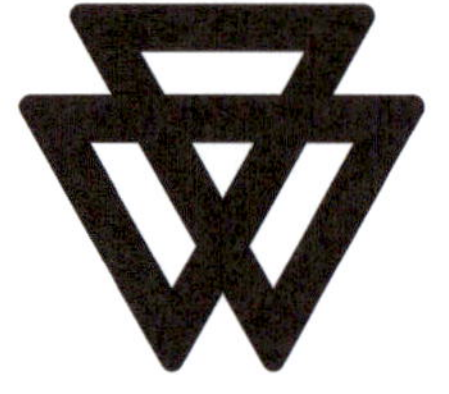

Portland Valderrivas · Compañia cementera · 1981-1993

MEANINGFUL / SIGNIFICANTE

Good design is unprecedented. And its highest quality is "significance," or, to put it another way, anything that cannot be a design is insignificant. The famous phrase attributed to Einstein, "everything should be made as simple as possible, but not simpler," is illuminating. Simplification should not be a goal, but rather a consequence of prior conceptual decisions, where the most relevant, almost the only important thing, is the quality of the idea.

Un buen diseño es lo nunca visto. Y su cualidad máxima es la «significancia», o dicho de otro modo, lo que no puede ser un diseño es insignificante. La famosa frase atribuida a Einstein «todo debe hacerse tan simple como sea posible, pero no más simple» es esclarecedora. La simplificación no debe ser una meta, sino una consecuencia de decisiones previas que son conceptuales y donde lo más relevante, casi lo único importante, es la calidad de la idea.

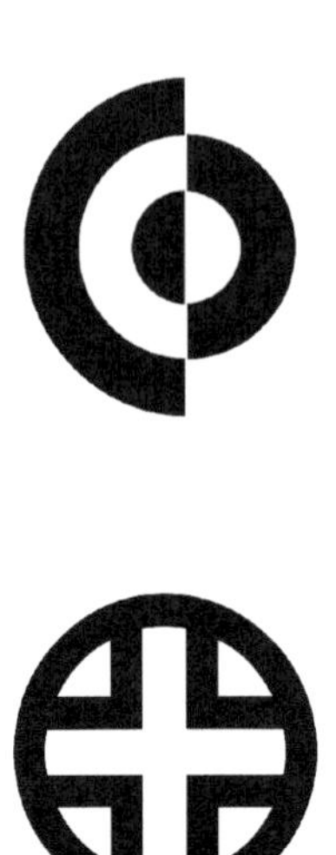

Grupo Prisa · 1990

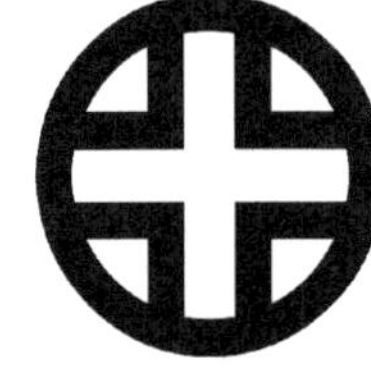

Indas · 1994

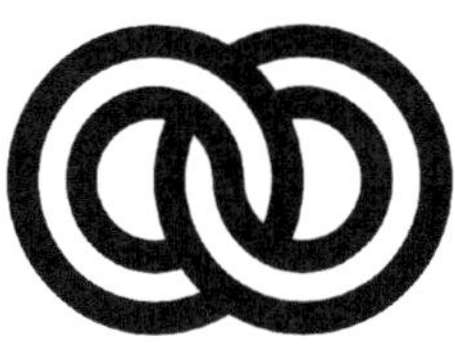

Fundación Once · 1988

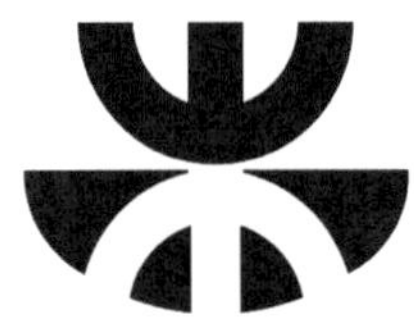

Conferencia Euromediterránea · 1995

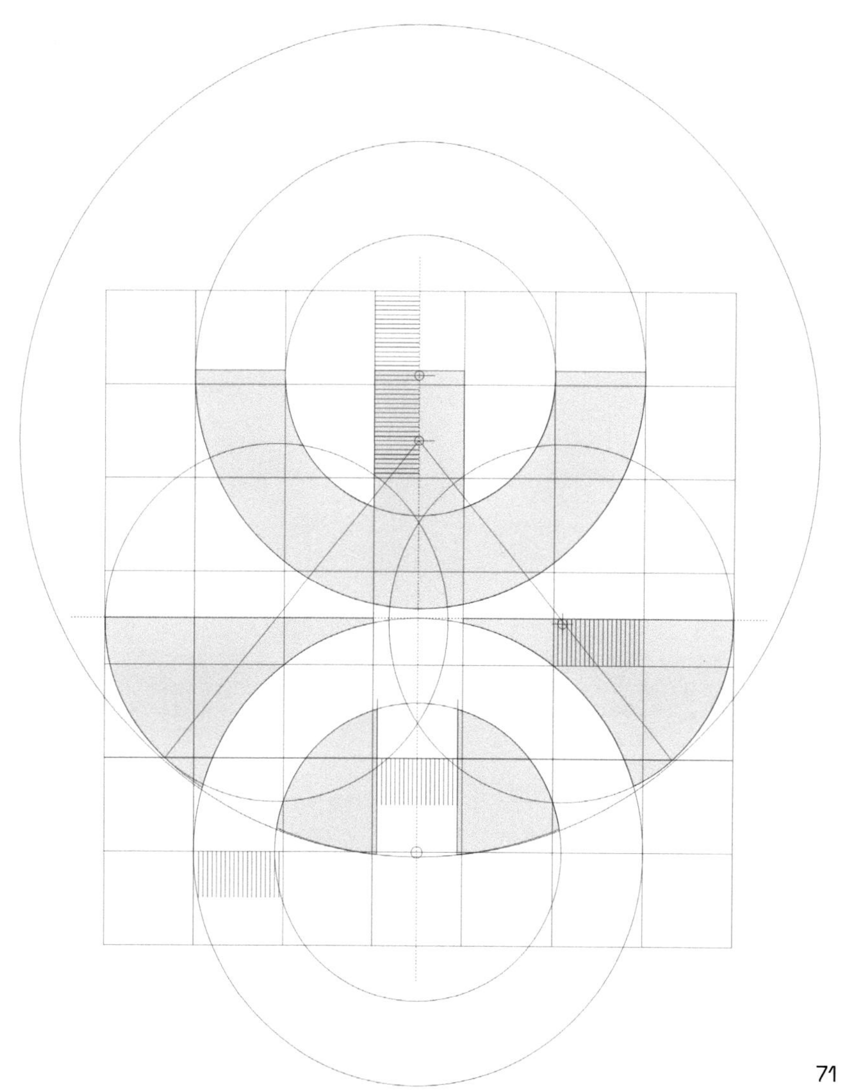

ORDER / ORDEN

Wonderful Helvetica. This country needs a run through Helvetica… From my travels outside of Spain, I always liked the uniforms of Anglo-Saxon countries, the English, and the Americans. That's why when I was commissioned to create the entire look of the National Police Force, I wanted it to be navy blue. I had to avoid gray or brown…

Maravillosa Helvética. Este país necesita una pasada por la Helvética… De mis viajes fuera de España siempre me gustaron los uniformes de los países anglosajones, los ingleses y estadounidenses. Por eso cuando recibí el encargo de crear toda la imagen del Cuerpo Nacional de Policía quise que fuera azul marino. Había que huir del gris o del marrón…

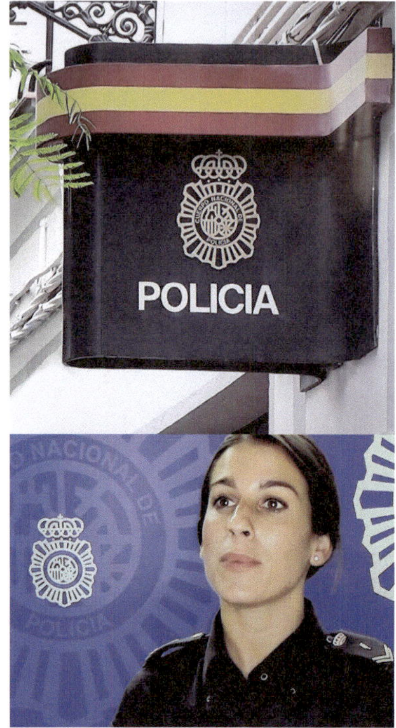

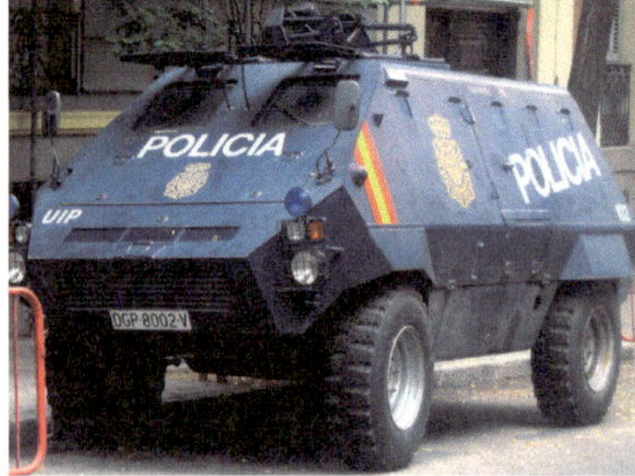

Cuerpo Nacional de Policía · Ministerio de Interior · 1986

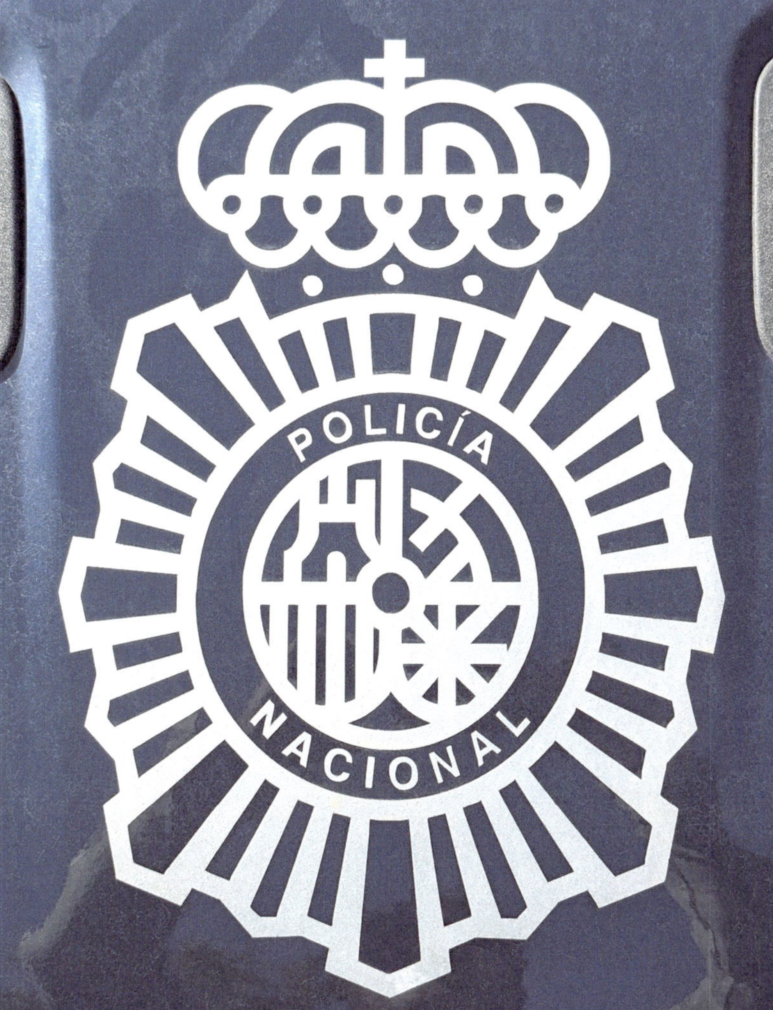
POLICÍA
NACIONAL

SOUL / ALMA

The designer infuses (must infuse) soul into objects. The object of design is the design of the object. The designer transforms objects into concepts, the artist transforms concepts into objects. Designing is putting things in their place. Art is a one-way journey, design is a return journey.

El diseñador infunde (debe infundir) alma a los objetos. El objeto del diseño es el diseño del objeto. El diseñador convierte objetos en conceptos, el artista convierte conceptos en objetos. Diseñar es poner las cosas en su sitio. El arte es un viaje de ida, el diseño es un viaje de vuelta.

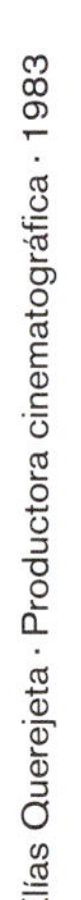

Elías Querejeta · Productora cinematográfica · 1983

1 — 2

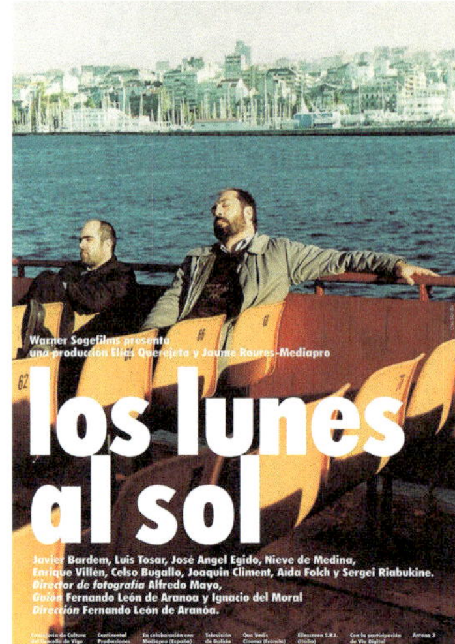

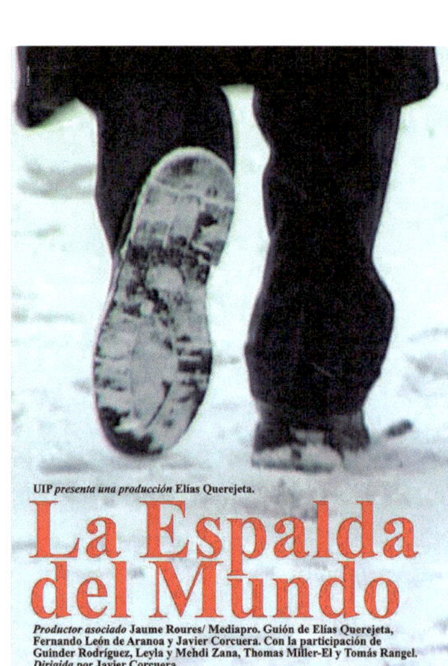

(1) Los lunes al sol · Director: Fernando León de Aranoa · 2001 (2) La espalda del mundo · Director: Javier Corcuera · 2000 (3) Strees es tres tres · Director: Carlos Saura · 1968 (4) Las palabras de Max · Director: Emilio Martínez-Lázaro · 1978 (5) Los primeros metros · Director: Carlos Saura Jr. · 1980 (6) Último encuentro · Director: Antonio Eceiza · 1967

STRESS
ES TRES, TRES
interpretado por
GERALDINE CHAPLIN
JUAN LUIS GALIARDO
FERNANDO CEBRIAN
fotografía
LUIS CUADRADO
una producción
ELIAS QUEREJETA
director
CARLOS SAURA

Una producción Elías Querejeta
LOS PRIMEROS METROS
Dirigida por Carlos Saura Jr., Pablo Pérez de Guzmán, Javier Anastasio, Iñigo Ortiz de Errasti, Fernando Argüelles, Fabián Montero, Ana Mampaso y Santiago Pozo Arenas.

3
—
4

5
—
6

Una producción Elías Querejeta
Las palabras de Max
con Ignacio Fernández de Castro, Myriam Maeztu, Gracia Querejeta, Cecilia Villarreal, Héctor Alterio, Raúl Sender, María de la Riva.
Operador: Teo Escamilla. Música: Luis de Pablo. Color
Director: Emilio Martínez-Lázaro

UNIESPAÑA presenta:
Una produccion ELIAS QUEREJETA. Dirigida por ANTONIO ECEIZA. Operador LUIS CUADRADO
ULTIMO ENCUENTRO
ANTONIO GADES - MARIA CUADRA - LA POLACA - Y DANIEL MARTIN

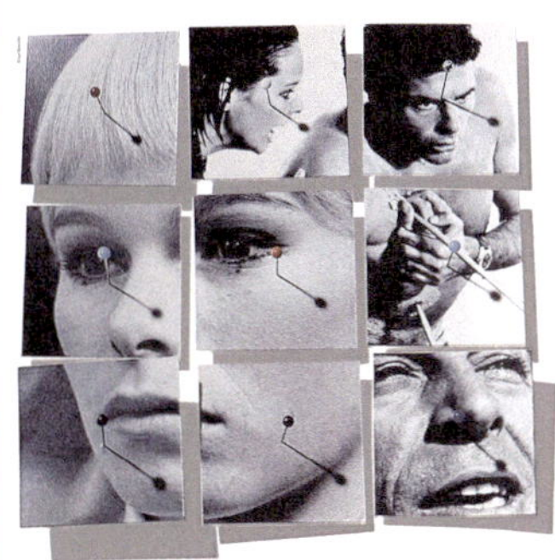

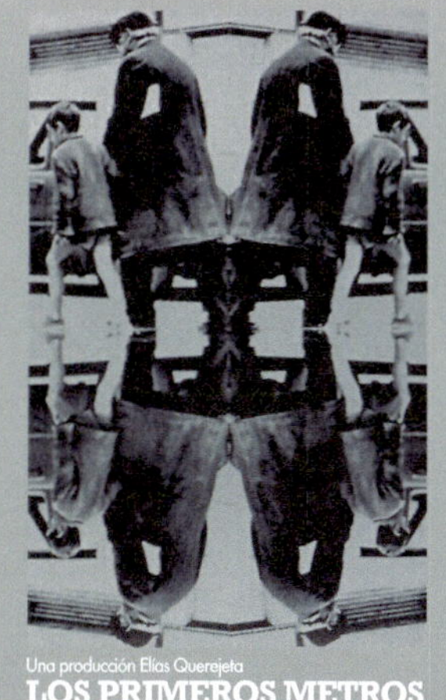

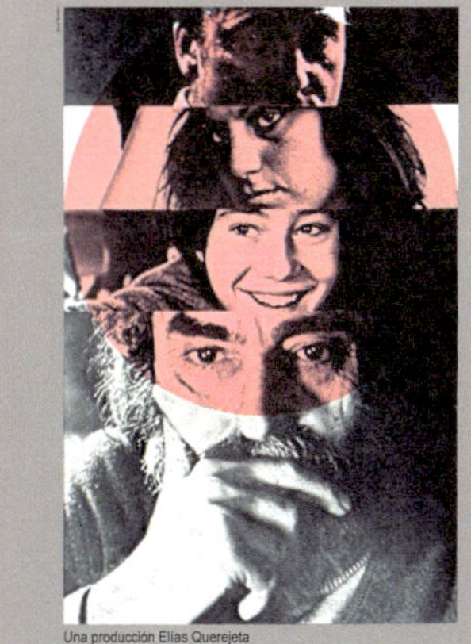

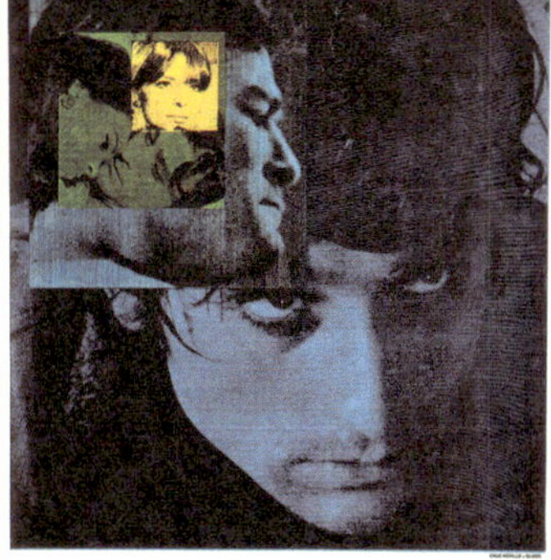

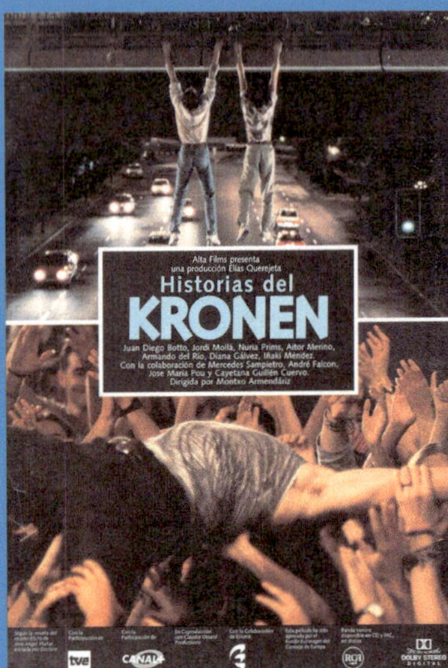

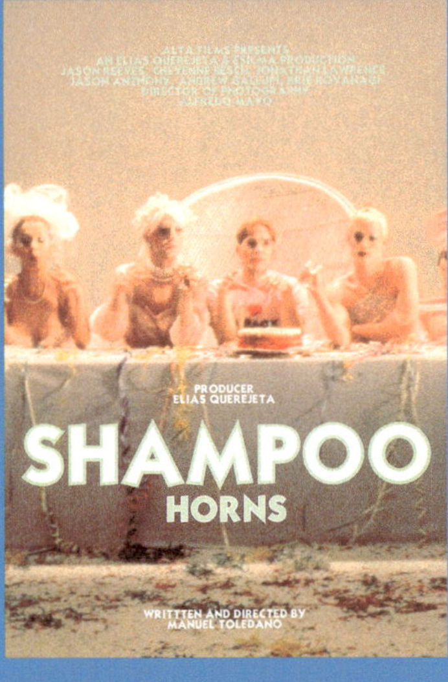

7
—
8

9
—
10

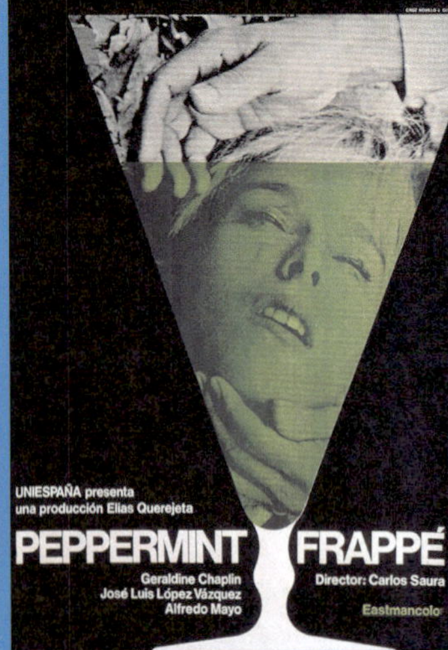

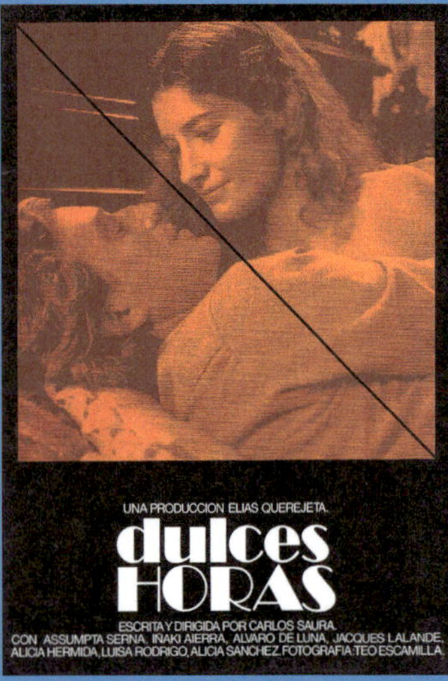

(7) Historias del Kronen · Director: Montxo Armendáriz · 1995 (8) Peppermint Frappé · Director: Carlos Saura · 1967 (9) Shampoo Horns · Director: Manuel Toledano · 1998 (10) Dulces horas · Director: Carlos Saura · 1982

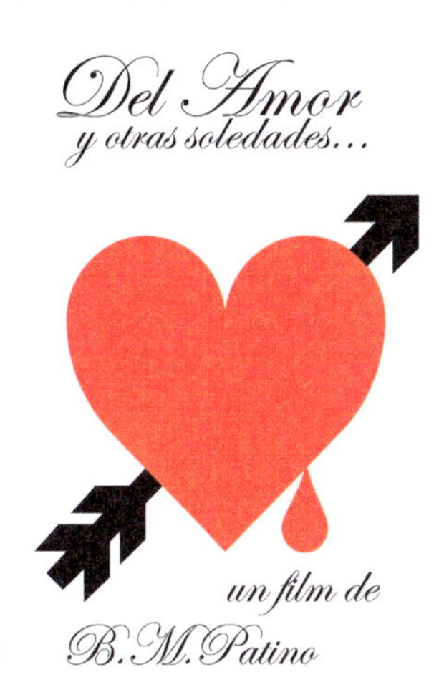

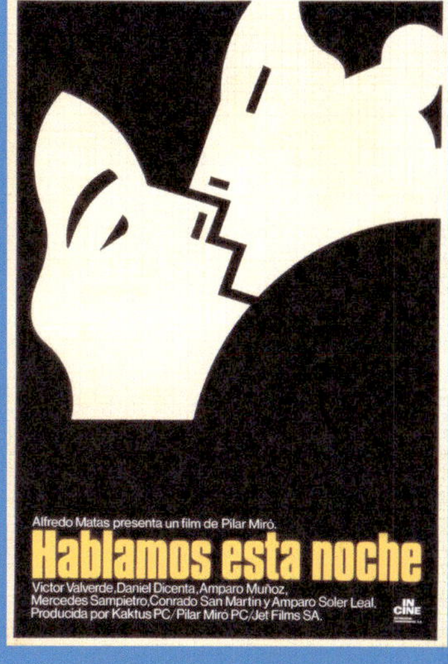

11 — 12

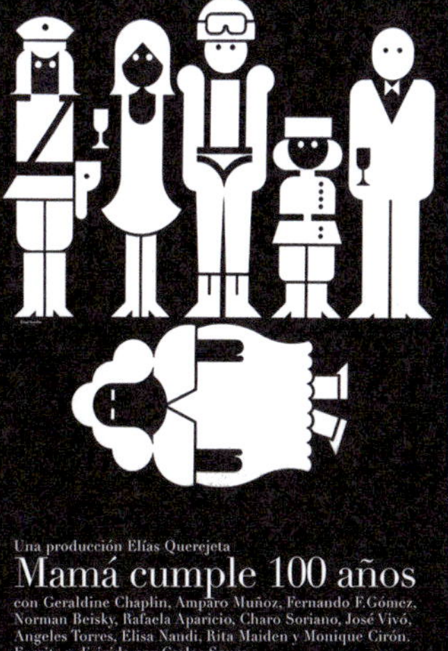

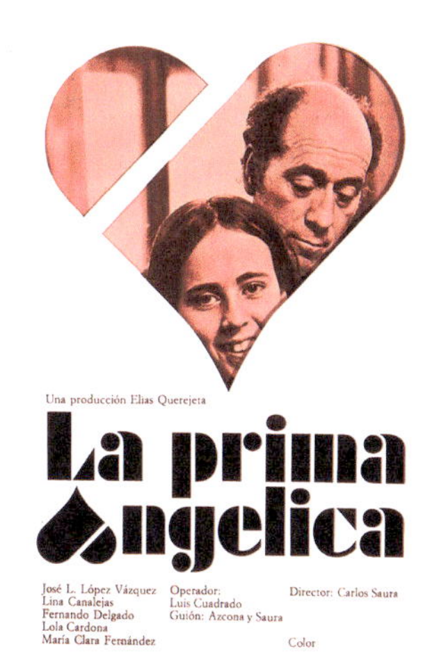

13 — 14

(11) Del amor y otras soledades · Director: Basilio Martín Patino · 1969 (12) Mama cumple 100 años · Director: Carlos Saura · 1979 (13) Hablamos esta noche · Directora: Pilar Miró · 1982 (14) La prima Angelica · Director: Carlos Saura · 1973

PURPOSE / PROPÓSITO

Between art and design—if such a distinction can be made—there is the same difference as between pornography and eroticism. Pornography—that is, art—would be that which is spontaneous, natural, and unsubdued (an artist is what he is, no matter what he does). Eroticism—that is, design—would be that which is elaborate, that which has a communicative purpose. Art is a path to knowledge, or at least a search for knowledge. And that is almost untransmittable. The artist often anticipates what will later exist.

Entre el arte y el diseño –si es que se puede establecer esta disyuntiva– existe la misma diferencia que entre la pornografía y el erotismo. La pornografía –es decir, el arte– sería lo espontáneo, lo natural, lo no sometido (un artista es lo que es, haga lo que haga). El erotismo –es decir, el diseño– sería lo elaborado, lo que tiene voluntad comunicativa. El arte es una vía de conocimiento o, al menos, una búsqueda de conocimiento. Y eso es casi intransmisible. El artista suele adelantarse a lo que luego existirá.

15

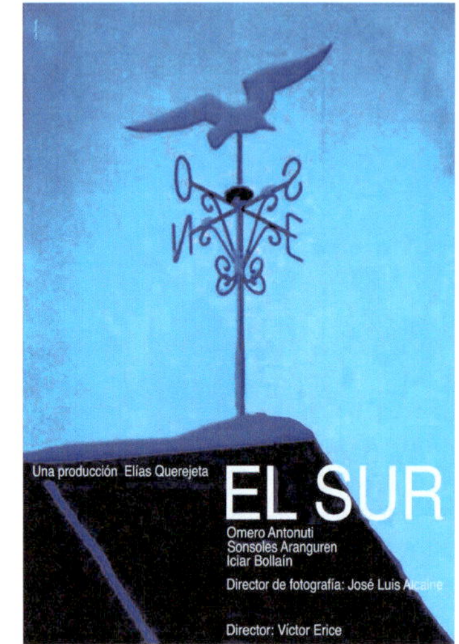

—

16

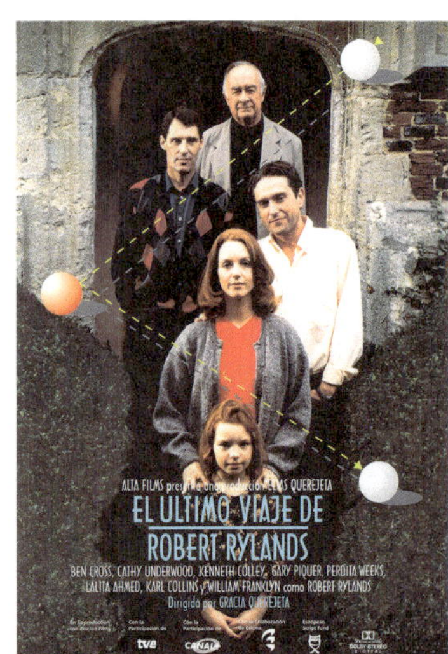

(15) El sur · Director: Víctor Erice · 1983 (16) El último viaje de Robert Rylands · Directora: Gracia Querejeta · 1996 (17) Exit the King · Director: Eugene Ionesco · 1971 (18) El jardín de las delicias · Director: Carlos Saura · 1970 (19) El desencanto · Director: Jaime Chávarri · 1976 (20) Pascual Duarte · Director: Ricardo Franco · 1976

EUGENE IONESCO'S
EXIT THE KING
(el rey se muere)
theatre of
parque móvil
de madrid
cea bermúdez, 5
thursday 23th jan
friday 29th jan
saturday 30th jan
8.30 pm
produced by
theatre
international

Una producción Elías Querejeta
El desencanto
Felicidad Blanc
Juan Luis Panero
Leopoldo Mª Panero
Michi Panero
Director: Jaime Chávarri

17
—
18

19
—
20

una producción Elías Querejeta director Carlos Saura
EL JARDIN DE
LAS DELICIAS

Una producción
ELIAS QUEREJETA
PASCUAL
DUARTE
Dirigida por
RICARDO FRANCO
Color

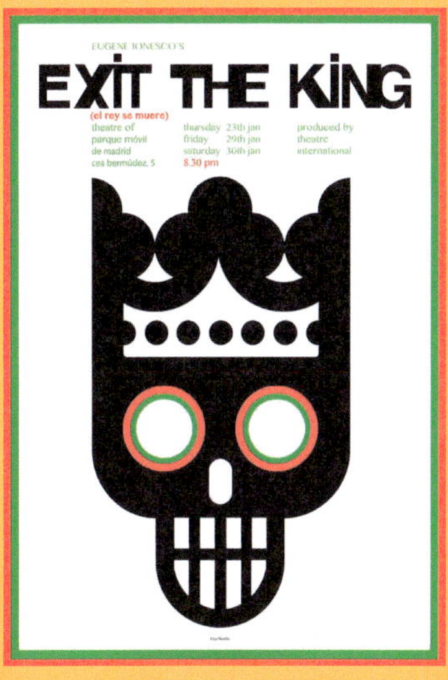

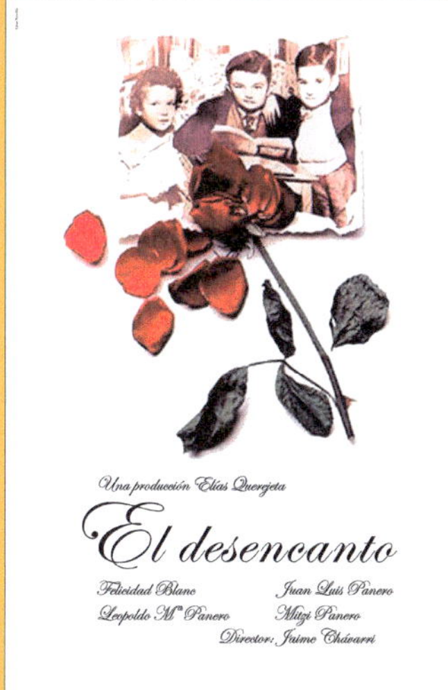

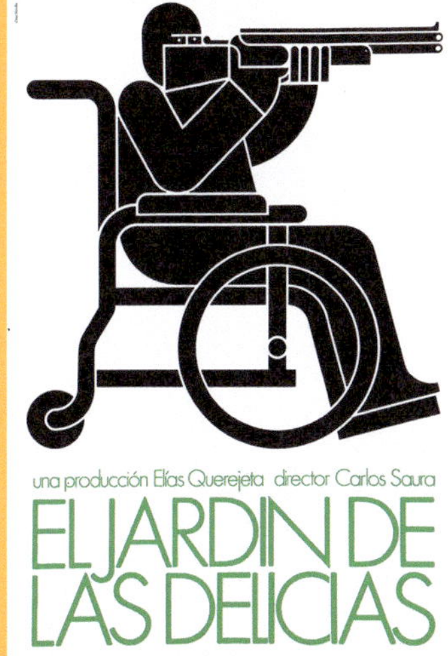

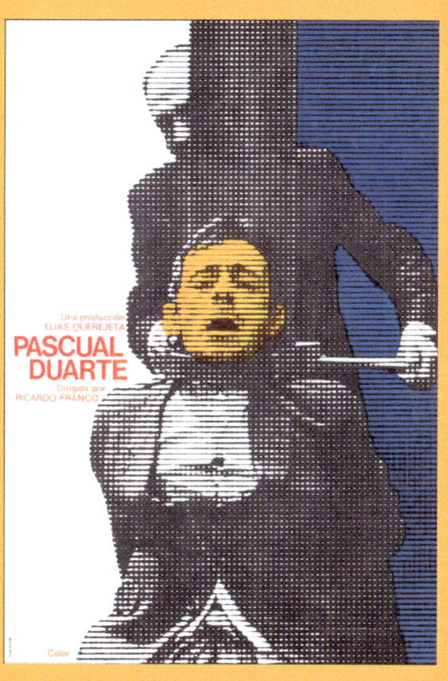

21
—
22

Una producción Elías Querejeta
para Sogetel, Elías Querejeta P.C. S.L.,
Mact Productions,
M.G.N. Filmes

Barrio

Críspulo Cabezas, Timy, Eloi Yebra, Marieta Orozco,
Alicia Sánchez, Enrique Villén, Francisco Algora, Chete Lera.
Guión y Dirección
Fernando León de Aranoa

CANAL+

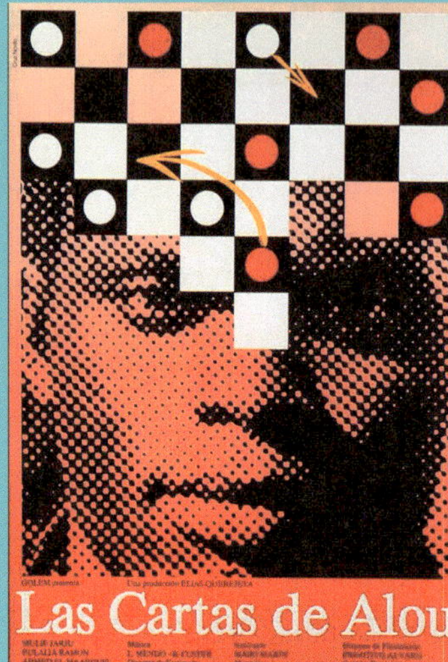

23
—
24

Una producción El Imán-Luis Megino P.C./MADRID/y Taurean Films/ZURICH/

Hay que matar a B.

DARREN Mc GAVIN
STEPHANE AUDRAN
PATRICIA NEAL
BURGESS MEREDITH

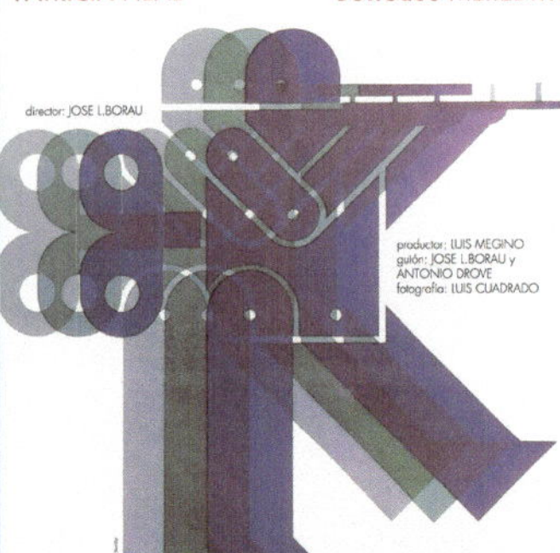

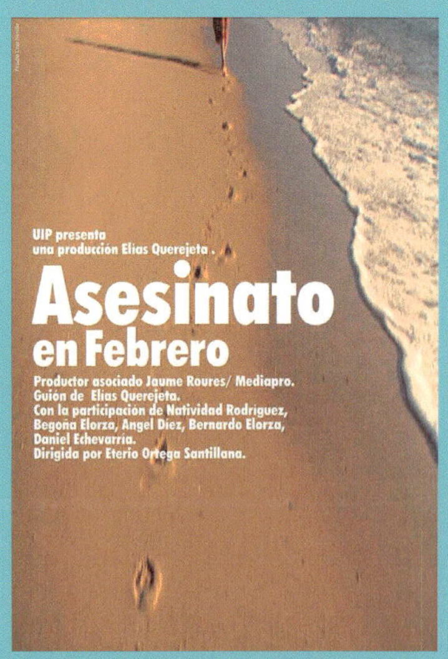

(21) Barrio · Director: Fernando León de Aranoa · 1998 (22) Hay que matar a B · Director: José Luis Borau · 1974 (23) Las Cartas de Alou · Director: Montxo Armendáriz · 1990 (24) Asesinato en Febrero · Director: Eterio Ortega Santillana · 2001

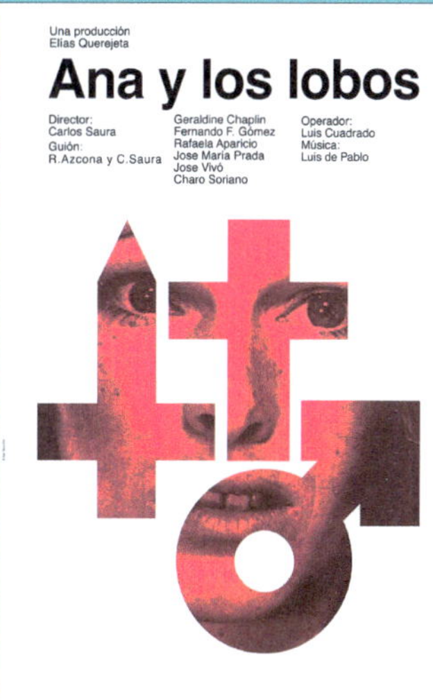

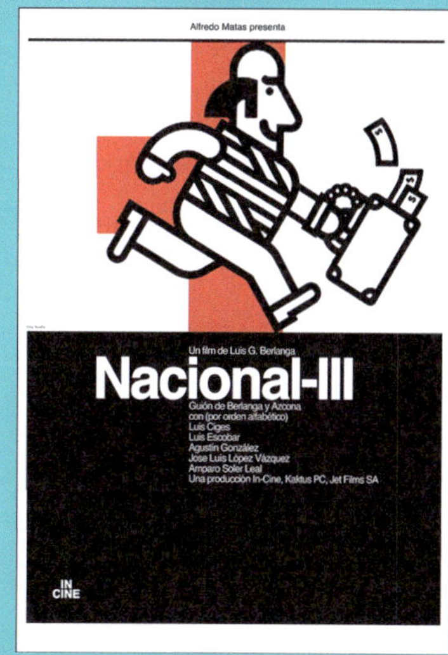

25
—
26

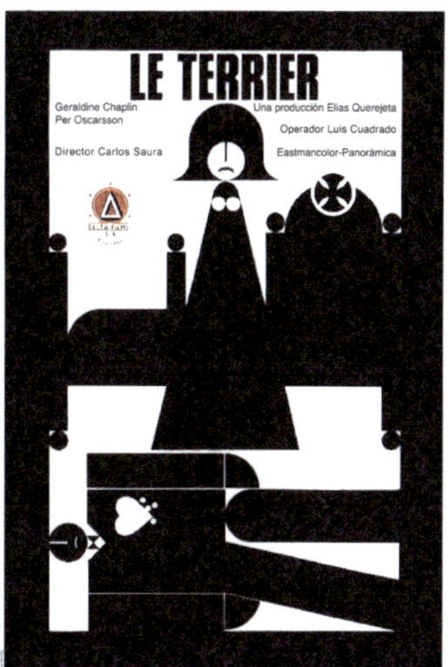

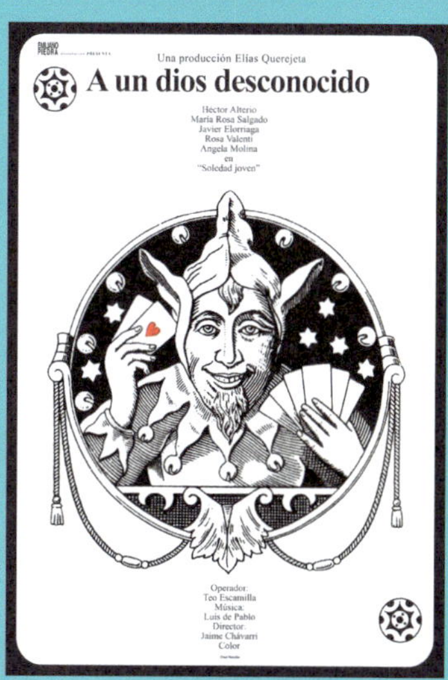

27
—
28

(25) Ana y los lobos · Director: Carlos Saura · 1973 (26) Le Terrier · Director: Carlos Saura · 1968 (27) Nacional III · Director: Luis García Berlanga · 1982 (28) A un dios desconocido · Director: Jaime Chávarri · 1977

HUMOR / HUMOR

I move much more freely in the conceptual world, and it is in that sense, also with the literal surname "Dadaist," that my work has many attributes of the senseless, the uncontrollable, a lot of the whimsical, and some notable parts of a sense of humor.

Me muevo mucho más libre en el mundo de lo conceptual y es en ese sentido además con apellido literal «dadaísta», donde mi obra tiene muchos atributos de insensata, de incontrolable, mucho de caprichosa y algunas partes notables de sentido del humor.

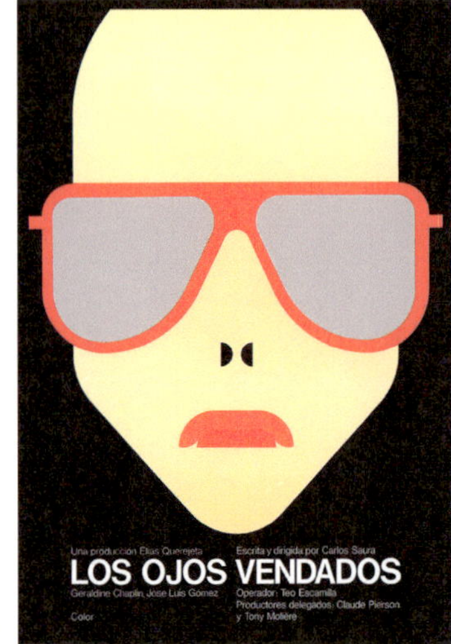

29 | 30

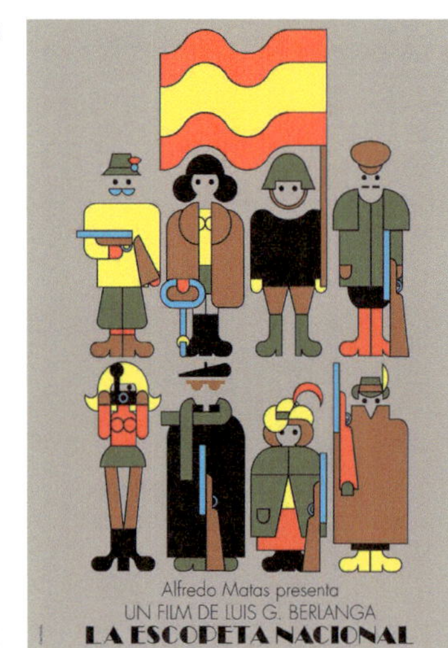

(29) Los ojos vendados · Director: Carlos Saura · 1978 (30) La escopeta nacional · Director: Luís García Berlanga · 1977 (31) Feroz · Director: Manuel Gutiérrez Aragón · 1984 (32) Las secretas intenciones · Director: Antonio Eceiza · 1970 (33) Los desafíos · Director: Claudio Guerín · 1969 (34) Habla, Mudita · Director: Manuel Gutiérrez Aragón · 1973

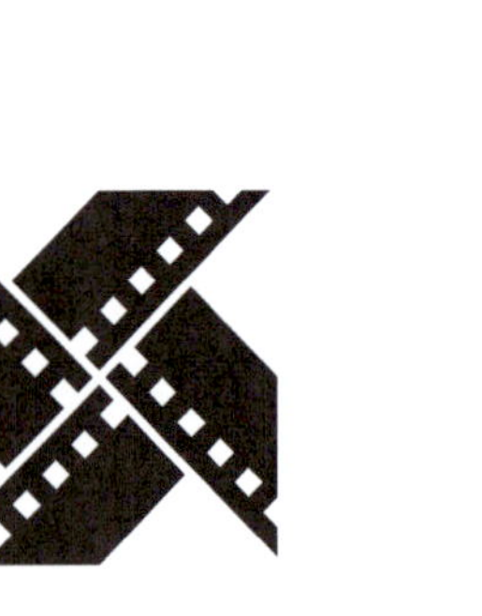

Festival de Cine Iberoamericano de Huelva · 1974

Una producción Elías Querejeta
FEROZ
con
Fernando Fernán Gómez, Frederic de Pasquale, Elena Lizarralde
Fotografía de Teo Escamilla
Dirigida por
Manuel Gutiérrez Aragón

los desafíos
Una producción
Elías Querejeta
1 Francisco Rabal
Dean Selmier
Asunción Balaguer
Teresa Rabal
2 Dean Selmier
Alfredo Mayo
Julia G. Caba
Barbara Deist
Fernando S. Polack
3 Dean Selmier
Julia Peña
Daisy Granados
Luis Suárez
Fotografía
Luis Cuadrado
Director
Claudio Guerin
Director
José Luis Egea
Director
Victor Erice

31
—
32

Una producción
Elías Querejeta
Jean Louis Trintignant
Haydée Politoff
Technicolor
fotografía
Luis Cuadrado
Las secretas
intenciones
dirigida por Antonio Eceiza

PROCINOR presenta una producción Elías Querejeta
Habla, mudita.
director
Manuel Gutiérrez
J.L.López Vázquez
Kiti Manver
Francisco Algora
Anna Hassmann
operador
Luis Cuadrado
Película española al Oscar de Hollywood
Color

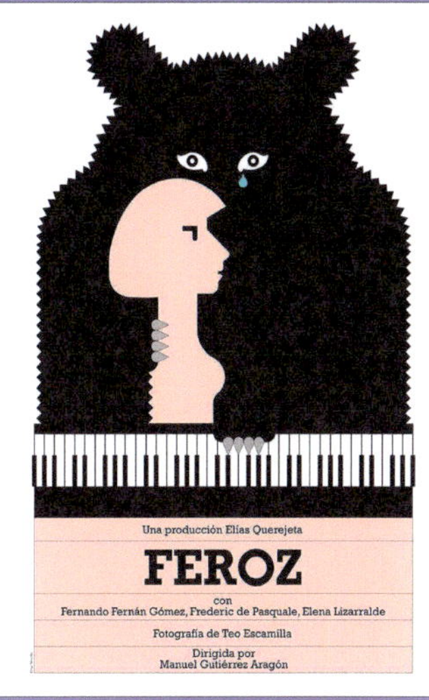

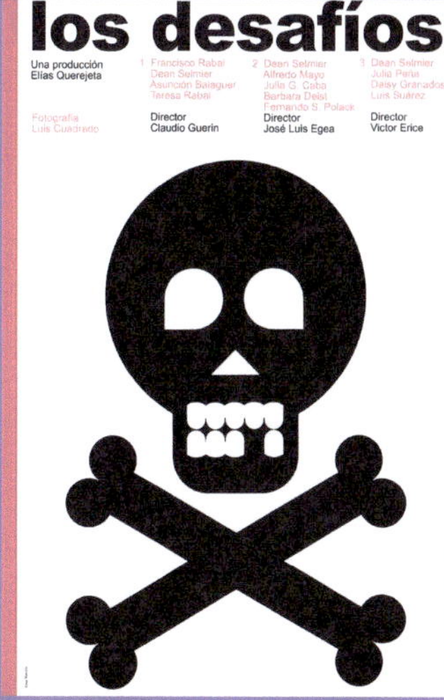

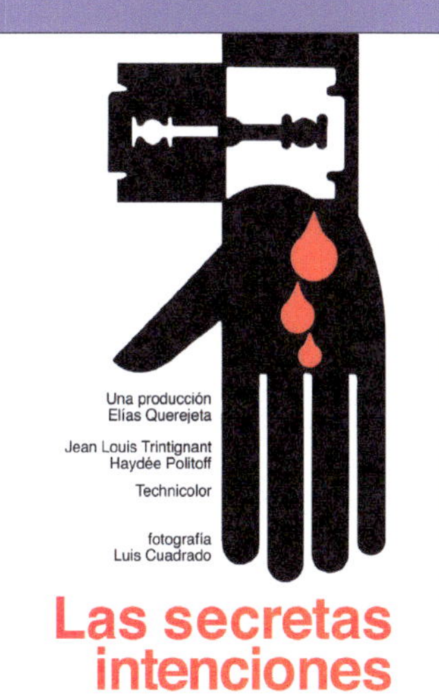

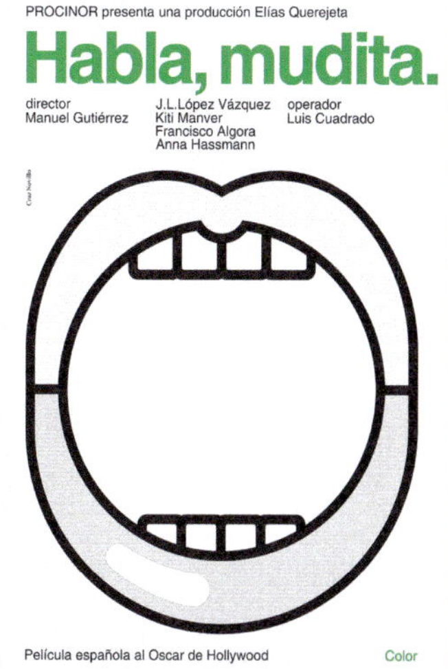

33
—
34

35
—
36

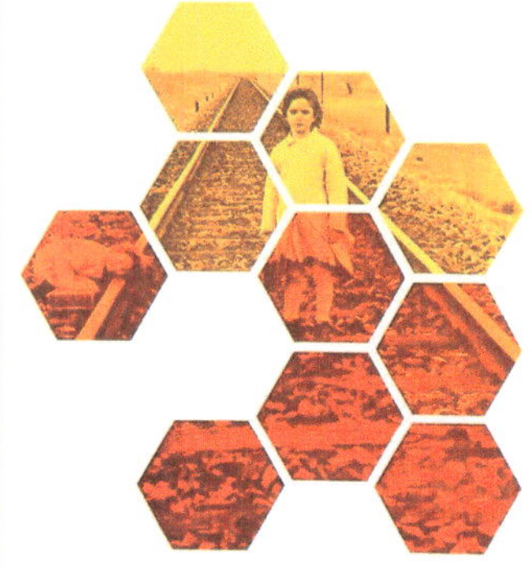

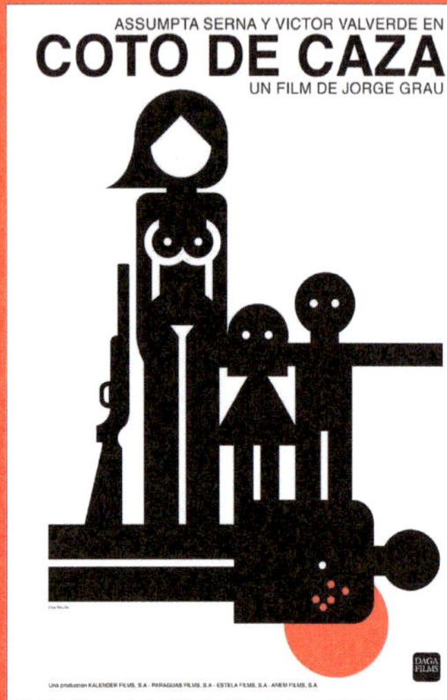

37
—
38

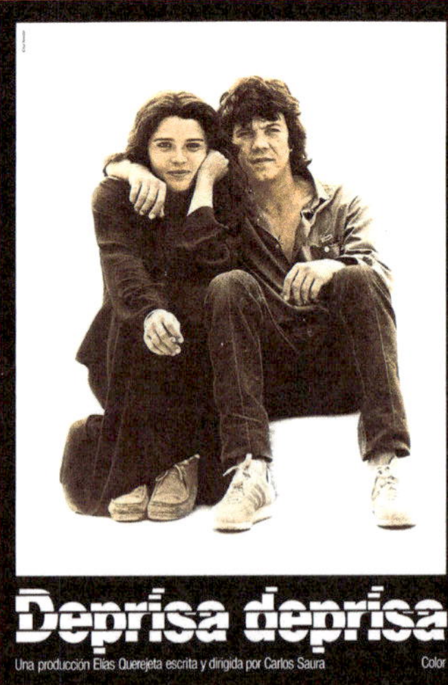

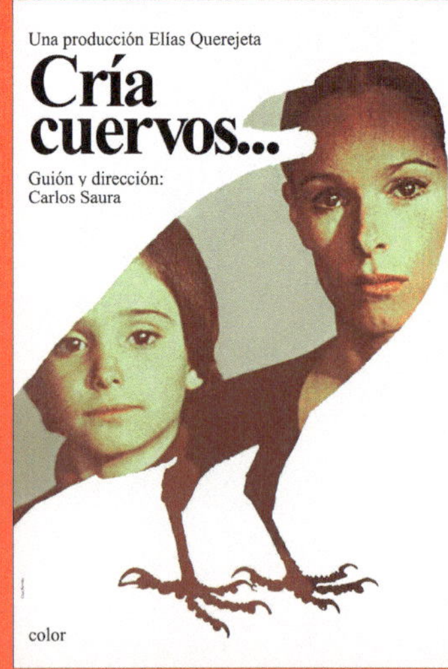

(35) El espíritu de la colmena · Director: Víctor Erice · 1973 (36) Deprisa deprisa · Director: Carlos Saura · 1981 (37) Coto de caza · Director: Jorge Grau · 1983 (38) Cría cuervos · Director: Carlos Saura · 1975 (39) La guitarra flamenca de Yerai Cortés (Teaser) · Director: Antón Álvarez · colaboración con Rubio & del Amo · 2024

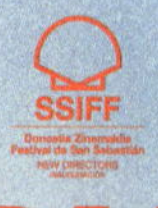

LA GUITARRA FLAMENCA DE *YERAI CORTÉS*

UNA PELÍCULA DE
LittleSpain

DIRIGIDA POR
ANTÓN ÁLVAREZ

39
—

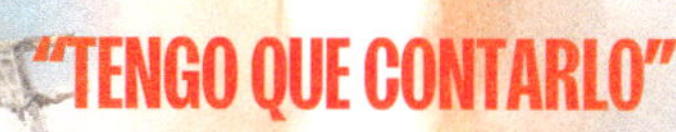

dirección de fotografía **URI BARCELONA, DIEGO TRENAS, ARNAU VALLS, ALVAR RIU, NAUZET GASPAR** postproducción **GUSA ALONSO-PIMENTEL** montaje **MARCOS FLÓREZ (NUMAX) Y CRISTÓBAL FERNÁNDEZ** dirección de producción **JORGE DÉVORA** diseño de sonido **ANTÓN ÁLVAREZ, YERAI CORTÉS, HARTO RODRÍGUEZ Y GABRIEL GUTIÉRREZ** jefes de producción **YAGO LÓPEZ ABRIL, CLAUDIA CLOT** producción ejecutiva **CRIS TRENAS, CHAVELA UTRERA** productores **CRIS TRENAS, ANTÓN ÁLVAREZ, SANTOS BACANA**

TIME / TIEMPO

As a designer, when I look back, I think of those projects where I had my best clients. And I mean the best, although they weren't always the biggest. Those who manage to bring out the best in each of their collaborators, and whose clients are becoming increasingly rare. Sometimes I think that the fundamental material I work with in my works is, precisely, time. In every sense, and with all its contradictions.

Como diseñador, cuando echo la vista atrás me vienen a la mente aquellos trabajos en los que tuve a mis mejores clientes. Y digo a los mejores, que no siempre fueron los más grandes. Aquellos que consiguen sacar lo mejor de cada uno de sus colaboradores, y que son clientes cada vez menos frecuentes. A veces pienso que la materia fundamental con la que trabajo en mis obras es, precisamente, el tiempo. En todos los sentidos y con todas las contradicciones.

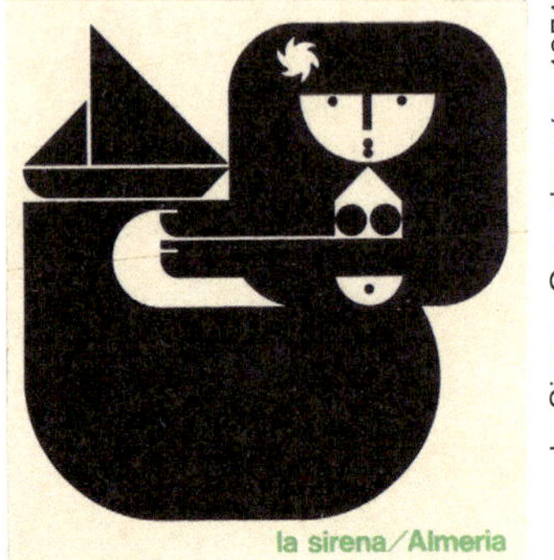

La Sirena · Gran almacén · 1971

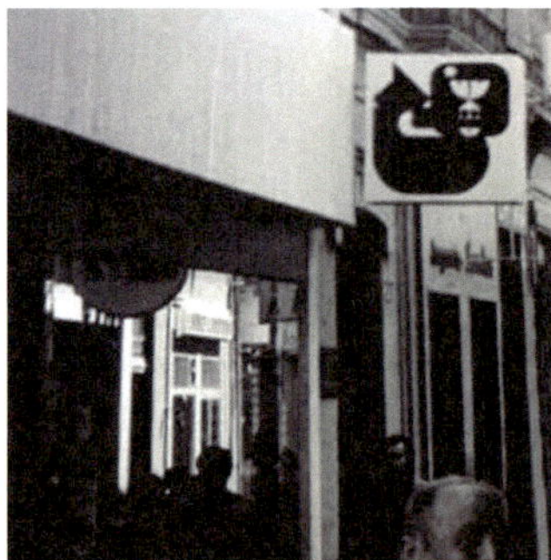

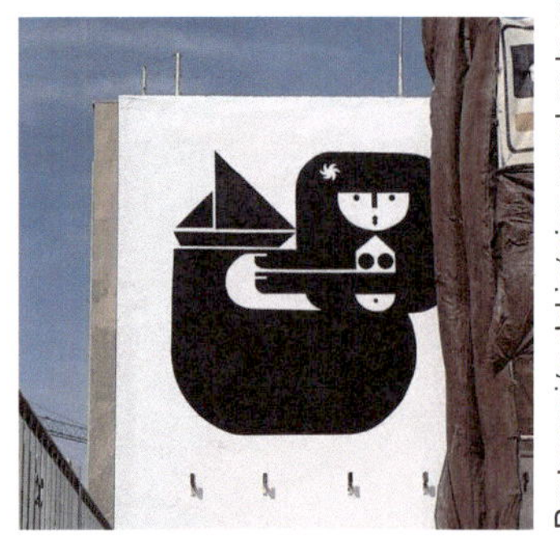

Restauración del icónico mural en la calle de Las Tiendas · Rehabitec · 2024

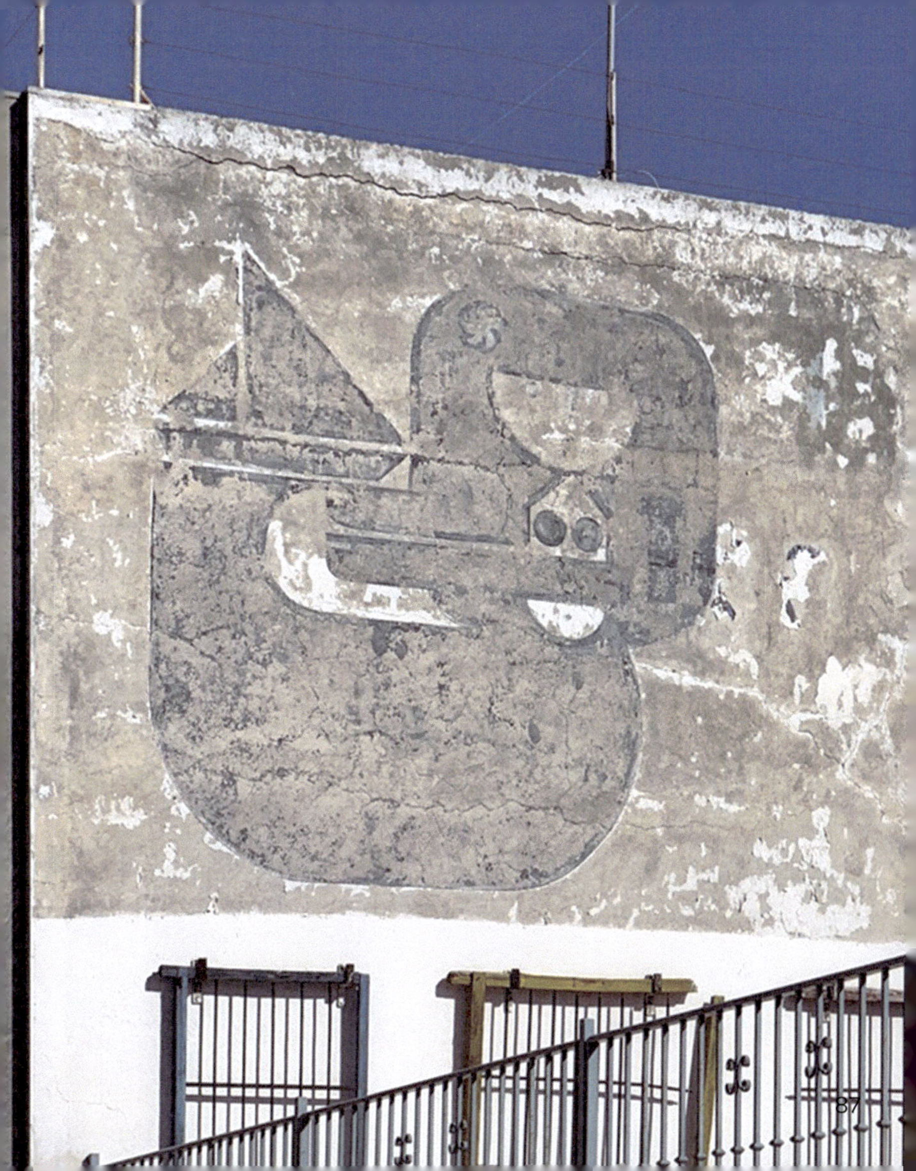

Iberoamérica Gráfica. Maestros:
Cruz Novillo
—
Gabriel Martínez
Sonia Díaz
Felipe Taborda
—
Lorenz «Lopetz» Gianfreda · Büro Destruct
(Approach/Enfoque)
—

Experimenta Editorial
Calle Investigación 7.
Pol. Ind. Los Olivos 28906
Getafe, Madrid, España
www.experimenta.es
—
Dirección editorial:
Marcelo Ghio
—
Dirección de la colección:
F/G/S GRAPHICA
Felipe Taborda
Gabriel Martínez
Sonia Díaz
—
Ideación, edición y diseño:
F/G/S GRAPHICA
—
ISBN: 978-84-19555-34-2
Depósito Legal: M-10763-2025
—
Printed in Spain - Impreso en España
—
Impreso en Gráficas Muriel S.A.
Getafe, Madrid
—

I have the unequivocal feeling that most people (designers) don't know who I am. I define that as another case of a black hole in the history of Spanish design.

Tengo la inequívoca sensación de que la mayoría de la gente (diseñadores) no sabe quién soy, eso lo defino yo como otro caso de agujero negro de la historia del diseño español. —Cruz Novillo

Bibliography / Bibliografía
—
· Cruz Novillo: Logos. 2017. Great Britain: Counter-Print.
· Díaz Sonia, Martínez, Gabriel. Supersignos: Félix Beltrán y Cruz Novillo. 2016. Madrid: Casa de América.
· Díaz Sonia, Martínez, Gabriel. Confluencias. Supersignos gráficos: Félix Beltrán y Cruz Novillo. 2021. Madrid: Experimenta Libros.
—

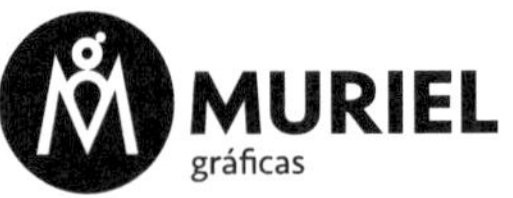

graphic**iberoamérica**gráfica

Colabora:
La escuela pública de arte y diseño de la Comunidad de Madrid

ARTEDIEZ